Verzeichniß der Guttentag'schen Sammlung Deutscher Reichsgesetze und Preußischer Gesetze.

Text-Ausgaben mit Anmerkungen.

Taschenformat.

Deutsche Reichsgesetze grün,
Preußische Gesetze grau cartonnirt.

Berlin SW48.
Wilhelmstraße 119/120
J. Guttentag, Verlagsbuchhandlung.
1896.

Guttentag'sche Sammlung
№ 37. Deutscher Reichsgesetze. № 37.
Text-Ausgaben mit Anmerkungen.

Das Gesetz
zur
Bekämpfung des unlauteren Wettbewerbes.

Vom 27. Mai 1896.

Text-Ausgabe mit Anmerkungen und Sachregister

von

Dr. jur. R. Stephan,
Kaiserlicher Regierungsrath und Privatdozent.

Berlin SW.48.
Wilhelmstraße 119/120.
J. Guttentag, Verlagsbuchhandlung.
1896.

Inhalts-Verzeichniß.

Seite

Abkürzungen.

A. = Annalen des Reichsgerichts, herausgegeben von Dr. Hans Blum.

C.P.O. = Civilprozeßordnung.

H.G.B. = Handelsgesetzbuch.

Komm.Bericht = Bericht der Kommission des Reichstags.

Motive = Begründung des Entwurfs des Gesetzes.

O.H.G. — R.G. = Urtheil des Reichsoberhandelsgerichts.

R. = Rechtsprechung, E. = Entscheidung.

R.G.O. = Reichsgewerbeordnung.

Str.G.B. = Strafgesetzbuch.

Str.P.O. = Strafprozeßordnung.

Einleitung.

„Der unlautere Wettbewerb ist ein Proteus, der sich in tausend Formen flüchtet und gerade die gesetzlich verpönten Gestalten vermeidet, um in unzähligen Verkleidungen dem loyalen Verkehr die Früchte seiner redlichen Bemühungen abzujagen.“ . . .

Kohler, Markenschutz, S. 60.

Unlauterer Wettbewerb ist der gegen die Gebote von Treu und Glauben im Handel und Verkehr unternommene Bewerb um die Kundschaft eines Anderen. So gerechtfertigt und vom menschlichen Standpunkt auch erklärlich im geschäftlichen Leben das Bestreben sein mag, im Kampfe um das wirthschaftliche Dasein dem Gegner den Rang abzulaufen und das Absatzgebiet durch Angebot besserer und preiswürdigerer Waaren und Leistungen an sich zu ziehen, sofern dies immerhin mit ehrlichen Kampfesmitteln geschieht, so verwerflich erscheint ein solches Treiben, wenn es auf Kosten von Treu und Glauben, der Grundstütze des gewerblichen und geschäftlichen Verkehrs, unternommen wird. Alsdann entsteht nicht allein für den oder die einzelnen Geschädigten, sondern auch für die Allgemeinheit, für den Staat eine nicht zu unterschätzende Gefahr, deren unnachsichtliche Bekämpfung und thunlichste Ausrottung sein eigenstes Interesse erheischt.

Der unlautere Wettbewerb und seine Bekämpfung sind, wenigstens in unserem deutschen Vaterlande, erst Kinder der modernen Zeit. Man wird nicht fehlen in der Annahme, daß diese Wucherpflanze erst mit der allgemeinen Gewerbefreiheit entstanden, sich aber bald um alle Erzeugnisse gewerblichen Lebens geschlungen und manche erstickt hat.

So bedauerlich diese Erscheinungen waren, so einig man, wie häufig, in der Anerkennung der Negative war, daß eine derartige Schädigung unheilvollster Art nicht länger bestehen könne, so schwierig erschien es, die geeigneten Mittel zur Beseitigung eines Uebels zu finden, welches die mannigfachsten Schleichwege und Hinterpförtchen zu finden wußte, um zu seinem verwerflichen Ziele zu gelangen.

Die bestehende Gesetzgebung im Reiche wie in den einzelnen Bundesstaaten bot keine genügende Handhabe zur Vernichtung oder wenigstens zur Einschränkung dieses Uebels, weder auf strafrechtlichem noch auf civilrechtlichem Gebiete. Mit Recht hat man daher im Inlande wie im Auslande[1]) den zu bekämpfenden Wettbewerb als unlauter und nicht als ungesetzlich bezeichnet, weil er nicht sowohl gegen eine positive Rechtssatzung als vielmehr gegen die allgemeinen Vorschriften von Sitte und Anstand verstößt. Denn wie Kohler, der bahnbrechende Forscher auf dem Gebiete des gewerblichen Rechtsschutzes, hervorhebt[2]), vermeidet der unlautere Wettbewerb gerade die gesetzlich verpönten Gestalten, um in unzähligen Verkleidungen dem loyalen Verkehr die Früchte seiner redlichen Bemühungen abzujagen. Dieser Meinung widerspricht nicht die Thatsache, daß der unlautere Wettbewerb nicht selten auch direkt gegen gesetzliche Bestimmungen verstößt, namentlich da, wo er sich zur Erreichung seines Zweckes, der Verdrängung der Mitbewerber, Mittel bedient, die an sich Delikte darstellen; es bedarf hier nur eines Hinweises auf die Vergehen des Betruges, der Verleumdung, des sogenannten strafbaren Eigennutzes, namentlich in Gestalt der Verletzung des geistigen Eigenthums, insbesondere der Patent-, Muster- und Markenschutzgesetze. Weit häufiger trat indessen der unlautere Wettbewerb in Gestalten auf, die den

---

[1]) concurrence déloyale (nicht illégale); concorrenza sleale (nicht illegale); concurrenzia ilicita; unfair competition.

[2]) Markenschutz, Würzburg 84 S. 60. Aehnlich drückt sich auch Pouillet aus: Traité des marques de fabrique et de la concurrence déloyale en tous genres. Paris 92. Introduction p. VIII.

Thatbestand einer strafbaren Handlung überhaupt nicht oder nur zum Theil erfüllten. So fehlte oft, um einen Betrug, d. i. die in rechtswidriger Gewinnsucht durch Täuschung herbeigeführte Vermögensbeschädigung als vorliegend anzunehmen, — wenngleich nach mehrfach ausgesprochener Ansicht des Reichsgerichts[1]) Identität der Person des Getäuschten und der des Geschädigten nicht gegeben zu sein braucht, — doch die innere Wechselwirkung zwischen Täuschung und Schädigung, insofern als ein ganz hors de combat stehender Dritter geschädigt sein kann, ohne daß die Irrthumserregung gerade gegen ihn gerichtet war. Ebensowenig konnte bei Kreditschädigung eine strafbare Beleidigung oder Verleumdung angenommen werden, wenn dem Thäter die Absicht oder das Bewußtsein der Verletzung der Geschäftsehre des Anderen nicht nachzuweisen war, wiewohl auch hier das Reichsgericht[2]) bemüht war, dem Geschädigten thunlichst Schutz angedeihen zu lassen.

Wie das Strafrecht, so versagte auch das Civilrecht bei Bekämpfung des unlauteren Wettbewerbes. Denn wenn auch jede sogenannte unerlaubte Handlung civilrechtliche Verantwortlichkeit nach der Gesetzgebung aller Kulturstaaten nach sich zieht, so ist als unerlaubte Handlung doch immer nur eine gesetzlich verbotene oder rechtswidrige Rechtshandlung

---

[1]) R.G 12. Nov. u. 18. Dez. 80, E. 2, 437 u. 3, 169.

[2]) R.G. 1. Okt. 80, E. 2, 309.

anzusehen.[1]) An derartigen Verbotsbestimmungen fehlte es aber gerade. Man suchte nun auf die Gesetzgebung und Rechtsprechung unseres westlichen Nachbarn zu exemplifiziren, indessen si duo faciunt idem, non est idem, und nicht immer ist dem Andern billig, was dem Einen recht ist.

Bekanntlich spülten in Frankreich am Ende des vorigen Jahrhunderts die hochgehenden Wogen der Revolution alle Privilegien und Monopole, alle Zünfte und Innungen über Bord des argbedrängten Staatsschiffes, und das namentlich auf Betreiben des Jacobinerklubs zu Stande gekommene Gesetz vom 17. März 1791 verkündete das Prinzip der unbedingten Freiheit der Arbeit und der Industrie, indem es die unbeschränkte Wahl und Ausübung des Gewerbes jedweder Art gewährte. Was über zwei Menschenalter später in Deutschland eintrat, die Gewerbefreiheit, war somit in weit unbegrenzterer Form in Frankreich längst gegeben. Indessen hatten sich hier die nachtheiligsten Folgen bald bemerkbar gemacht, zu deren Beseitigung nicht sowohl der code pénal als vielmehr der code civil die geeignete Handhabe bieten sollte. Die schrankenlose, von keiner behördlichen Genehmigung abhängige, nicht einmal auch nur an eine Anmeldung bei der Gewerbebehörde geknüpfte, oder durch irgend welche Voraussetzung bedingte Gewerbefreiheit trieb nur zu bald für die einzelnen Be=

---

[1]) O.Trib.Pl. 16. Aug. 41, Entsch. 7 S. 114, 125.

theiligten und schließlich für alle Gewerbe höchst bedenkliche Blüthen und mußte alsbald die Rechtsprechung auf eine nachdrückliche Verfolgung dieses gemeingefährlichen Treibens hinweisen. Ein Mittel zur Beseitigung dieses Uebels, das man als ein Quasidelikt ansah, glaubte man in den Bestimmungen[1]) des inzwischen am 9. Februar 1804 erlassenen, am 19. desselben Monats bekannt gemachten 4. Titels des code civil zu erblicken; dieselben lauten:

§. 1382. Tout fait quelconque de l'homme, qui cause à autrui un dommage, oblige celui par la faute duquel il est arrivé à le réparer.

§. 1383. Chacun est responsable du dommage qu'il a causé non seulement par son fait, mais encore par sa négligence ou par son imprudence.

In der That ist es seither der französischen Rechtsprechung gelungen, an der Hand dieser Bestimmungen den unlauteren Wettbewerb, allerdings nur civilrechtlich, zu bekämpfen. Auch für uns in Deutschland lag es nun nahe, die analogen Vorschriften unserer bürgerlichen Gesetzgebung zu gleichem Zwecke heranzuziehen; dieser Versuch ist jedoch gescheitert, nicht zum Letzten auf Grund der Stellung, welche

---

[1]) Im Grunde genommen enthalten diese Bestimmungen, die wir übrigens in fast allen anderen Civilgesetzbüchern finden, weiter nichts als eine Erweiterung der lex Aquilia, deren Leitmotiv dahin geht, daß Jeder den durch seine Schuld (Arglist) entstandenen Schaden zu ersetzen verpflichtet sei. Dig. 4. 3, Cod. 2. 21 de dolo malo L. 31 D. ad leg. Aquil. 9. 2.

das Reichsgericht zu dieser Frage eingenommen hat. Hat doch das Reichsgericht selbst in solchen Fällen, wo das französische Recht in deutschen Rechtsgebieten zur Zeit noch Platz greift, die Anwendung der vagen Bestimmung, wie sie die französischen Gerichte, namentlich der Kassationshof in Paris handhabt, ausdrücklich abgelehnt.[1])

Die Gründe dieser diametral sich gegenüberstehenden Rechtsauffassungen sind verschiedener Art. Einmal liegt es im Wesen des deutschen Richters, sich thunlichst genau an den ausdrücklichen Wortlaut des Gesetzes zu halten, während der Franzose bei seinem beweglichen Naturell und wenig skrupulösen Temperament leicht geneigt ist, der Sinnverwandtschaft mangelhafter Gesetzesbestimmungen mit anderen nachzugehen, die ratio legis thunlichst zu generalisiren. Hierzu kommt, daß dort alle Verstöße des unlauteren Wettbewerbes, die sich doch ausschließlich oder zumeist auf dem Gebiete des gewerblichen Verkehrs abspielen, der Kompetenz der Handelsgerichte unterworfen sind.[2]) Während nun bei uns das zum größten Theil mit Laien besetzte Institut der Handelsgerichte erst jüngeren Datums ist, bestehen in Frankreich die unter dem Vorsitz eines gelehrten Richters aus Vertretern des Handels und der Industrie zusammengesetzten Handelsgerichte bereits seit dem Anfang dieses Jahrhunderts. Ist

---

[1]) Vgl. Entscheidung des Reichsgerichts — Bd. 17 S. 101, Bd. 25 S. 120, Bd. 18 S. 99.

[2]) Code de commerce art. 631 ff.

somit dem Laienelement ein erheblicher, um nicht zu sagen, ausschlaggebender Einfluß auf die Rechtsprechung auf diesem Gebiete des gewerblichen Lebens gegeben, so darf es nicht Wunder nehmen, wenn die Rechtssprüche dieser Gerichtshöfe nicht an dem starren Buchstaben des Gesetzes haften, sondern, von Zweckmäßigkeitsgründen getragen, den jeweiligen Bedürfnissen des praktischen Lebens thunlichst Rechnung zu tragen bestrebt sind. Endlich dürfen wir einen Umstand nicht vergessen, nämlich den Einfluß des öffentlichen Ministeriums, der Staatsanwaltschaft in Frankreich auf die Rechtsprechung.

Letztere hat jederzeit das Recht wie die Pflicht, Rechtssprüche, welche ihr zweifelhaft erscheinen und die sie aus Gründen des öffentlichen Interesses einheitlich festgelegt wissen will, dem obersten Gerichtshof (Kassationshof) zur Entscheidung vorzulegen, eine außerordentlich werthvolle Einrichtung behufs Erzielung einheitlicher Rechtsprechung und Rechtspflege. Der Kassationshof hat aber als von jeher alleinige höchste Instanz in unverbrüchlicher Konsequenz in allen Fällen, wo irgendwie ein unlauterer Wettbewerb vorlag, die extensive Anwendung der oben angezogenen Bestimmungen gut geheißen.[1])

Freilich fällt in Frankreich die strafrechtliche

---

[1]) Zur Erzielung der einheitlichen Anwendung des vorliegenden Gesetzes ist wie in allen Rechtsstreitigkeiten, welche die gewerblichen (sowie die literarischen und künstlerischen) Schutzrechte betreffen, auch in denjenigen,

Verfolgung des unlauteren Wettbewerbs ganz aus. Indessen sucht der französische Richter, wieder erleichtert durch eine unbeschränkte Beweiswürdigung diese Lücke durch Festsetzung von Entschädigungsbeträgen zu ersetzen, die oft ungewöhnlich hoch bemessen erscheinen, weil wiederum die freieste richterliche Ueberzeugung bei Beantwortung der Frage der Verursachung und der Höhe des Schadens den weitesten Spielraum gestattet.

Da nun eine derartige Rechtsprechung von den deutschen Gerichten nicht gebilligt und angewendet wurde, so ergab sich von selbst die Nothwendigkeit, besondere Bestimmungen zur Bekämpfung des unlauteren Wettbewerbs aufzustellen.

Es ist und bleibt das unbestrittene, nicht genug hervorzuhebende Verdienst Kohlers, daß er immer und immer wieder, und zwar zu Zeiten als der unlautere Wettbewerb ein dem deutschen Volke, ja selbst den deutschen Juristen noch ungeläufiger Begriff war, die allgemeine Aufmerksamkeit auf die Gefahren dieser Wucher- und Schlingpflanze im gewerblichen Leben hingewiesen und nach dem Beispiele der französischen Gesetzgebung und Rechtsprechung eine allgemeine Anwendung auch der deutschrechtlichen Bestimmungen zur Bekämpfung des unlauteren Wettbewerbs empfohlen hat, allerdings ohne Erfolg,

in welchen aus diesem Gesetze (§ 15) Ansprüche geltend gemacht werden, die Entscheidung letzter Instanz dem Reichsgericht zugewiesen worden.

wie oben gezeigt und wie er auch selbst zugiebt.[1]) Indessen kam aber gerade auf Kohlers rastloses Betreiben die Frage der Gemeinschädlichkeit des unlauteren Wettbewerbes und seiner Bekämpfung immer mehr in Fluß, alsbald erschienen Abhandlungen aus juristischer Hand mit Vorschlägen, die theils dem Erlasse einer lex specialis ernstlich das Wort redeten, theils die bestehende Gesetzgebung für ausreichend ansahen[2]), bald einen civilrechtlichen Schutz für zweckdienlich, bald einen strafrechtlichen Schutz für nothwendig erachteten. Schließlich wurden aus industriellen und kommerziellen Kreisen der Bevölkerung Petitionen um Erlaß von Schutzmaßregeln gegen den unlauteren Wettbewerb an den Reichstag und an die Reichsregierung gerichtet, die in der Folge nicht unberücksichtigt bleiben konnten.

So finden wir denn bereits in dem neuen Markenschutzgesetz, d. i. in dem Gesetze zum Schutze der Waarenbezeichnungen vom 12. Mai 1894 die ersten deutschrechtlichen Bestimmungen gegen den unlauteren Wettbewerb, allerdings nur insoweit, als dieselben in den technischen Rahmen eines Waarenzeichenschutzgesetzes unterzubringen sind. Hier ist zunächst die in einer über die Herkunft der Waare täuschenden Absicht vorgenommene Kenn-

---

[1]) Neue Deutsche Rundschau 94, Heft XII.

[2]) Bachem, „Wie ist dem unlauteren Wettbewerb zu begegnen?" Köln, 93. — Katz, Unlauterer Wettbewerb. Vortrag. Berlin, 94.

zeichnung und Ausstattung derselben vorgesehen. Die Verschleierung der Herkunft der Waare ist der springende Punkt, den das Waarenzeichenschutzgesetz besonders verfolgt und der gewissermaßen die Brücke schlägt zum andern Ufer des benachbarten Gebietes, des Schutzgebietes gegen den unlauteren Wettbewerb, hier setzt auch das neue Gesetz zur Bekämpfung des letzteren ein, die Auswüchse des Reklamewesens, die gerade in erster Linie auf eine Verschleierung der Herkunft der Waaren zielen, haben hauptsächlich den Anstoß zum Erlaß des neuen Gesetzes gegeben und bilden somit auch seinen Ausgangspunkt.

Bereits bei Berathung des Gesetzes zum Schutze der Waarenbezeichnungen wurde im Reichstag der Versuch gemacht, Bestimmungen dorthin aufzunehmen, die den auf Täuschung berechneten wahrheitswidrigen Angaben über Herkunft, Beschaffenheit und Werth der angebotenen Waaren entgegen treten sollten. Dieser Versuch ist jedoch von der Regierung und vom Reichstage unter der Begründung abgewiesen worden, daß diesen Vorschriften nicht in einem Waarenzeichenschutzgesetz, sondern in einem besonderen Gesetze zur Bekämpfung des unlauteren Wettbewerbes Aufnahme zu gewähren sei. Die alsbaldige Vorbereitung eines solchen Gesetzes wurde gleichzeitig von der Regierung in Aussicht gestellt, und nicht lange darauf, bereits im Januar 1895, erschien auch der Entwurf zu diesem Gesetze nebst Begründung.

Abgesehen von nur wenigen einschneidenden Abänderungsvorschlägen fanden die im Entwurfe aufgestellten Maßnahmen die Zustimmung der interessirten Kreise, der Handelskammern, der kaufmännischen und gewerblichen Vereine. Ebenso sprach sich auch der Juristentag im September 1895 für den Erlaß wirksamer Schutzbestimmungen gegen den unlauteren Wettbewerb aus.

Unter thunlichster Berücksichtigung mehrseitig geäußerter Wünsche folgte dem ersten Entwurfe ein zweiter und ein von diesem nicht erheblich abweichender dritter Entwurf, der später mit wenigen bedeutsamen Abänderungen zum Gesetz erhoben worden ist.

Die Gesichtspunkte, welche bei Aufstellung des Entwurfes die maßgebenden und leitenden gewesen, sind in Kurzem folgende:

Trotz der Vielseitigkeit der Gestalten, in welchen sich der unlautere Wettbewerb zeigt, erschien es gegenüber der oben ausgeführten Rechtsprechung der deutschen Gerichte, insbesondere des Reichsgerichts, nicht geboten, dem französischen Beispiele zu folgen und nur eine allgemeine Vorschrift [1]) zu geben, vielmehr empfahl es sich zunächst wenigstens, ohne späteren gesetzgeberischen Maßnahmen vorzugreifen,

[1]) Die Vorschriften (des Entwurfs) des Bürgerlichen Gesetzbuches in §§ 748 u. 749 werden später immerhin zur Ergänzung des vorliegenden Gesetzes in Anwendung gebracht werden können.

nur die besonderen Auswüchse des unlauteren Wettbewerbes zu treffen. Es sind dies nur fünf besonders hervortretende Erscheinungen: 1. der Reklameunfug (§§ 1—4), 2. die Quantitätsverschleierungen (§ 5), 3. die Kreditschädigung (§§ 6 u. 7), 4. der Firmenmißbrauch (§ 8), 5. die Geschäftsgeheimnißverletzung (§§ 9 u. 10).

Was den Schutz im allgemeinen betrifft, so soll er in erster Linie auf civilrechtlichem Gebiet zu fordern sein und in der Klage auf fernere Unterlassung der Zuwiderhandlung sowie auf Schadensersatzleistung bestehen, und nur da, wo auf Kosten der Wahrheit und mit besonders verwerflichen Mitteln der unlautere Mitbewerber sein Wesen treibt, sollen nach Maßgabe der vom Reichstag jüngst berathenen Novelle zur Strafprozeßordnung, wonach bei der Verfolgung sogen. Privatdelikte die Privatklage an Stelle der öffentlichen Klage treten soll, Strafbestimmungen Platz greifen; indessen soll die strafrechtliche Verfolgung im allgemeinen mittels der Privatklage und nur, wenn das öffentliche Interesse berührt ist, im Wege der öffentlichen Klage seitens der Staatsanwaltschaft betrieben werden. Ebenso ist noch auf die Veröffentlichung der Verurtheilung nach dem Beispiele anderer das öffentliche Interesse lebhaft berührender Gesetze, wie z. B. des Gesetzes, betreffend den Verkehr mit Nahrungsmitteln, ein wesentliches Gewicht gelegt, insofern in allen Fällen dem Verletzten die Befugniß zur Veröffentlichung zusteht, im Falle der verleumderischen Kreditschädigung nach § 7 sogar zugesprochen werden muß.

Nach der Begründung zum Gesetz soll nicht jedwede, sondern nur die mit unlauteren Mitteln kämpfende, insbesondere der Vorspiegelung unwahrer Thatsachen sich bedienende, d. i. die schwindelhafte Reklame, nunmehr gesetzlich unzulässig sein, aber auch nicht ohne jede Rücksicht auf ihre Wirkung, sondern nur für den Fall, daß sie entweder an sich geeignet oder unternommen ist, den Anschein eines besonders günstigen Angebots hervorzurufen. Im ersteren Falle liegt die einfache, die nicht auf Täuschung zielende, nur civilrechtlich, im zweiten die betrügerische, strafrechtlich und somit ebenfalls civilrechtlich verfolgbare Reklameüberschreitung vor. Die Reklame besteht, wie der Ursprung des Wortes besagt, in der Anpreisung einer zum Verkauf gestellten Waare oder gewerblichen Leistung, d. i. Arbeit; sie führt zum Rechtsbruch, wenn sie in der Behauptung unrichtiger oder unwahrer Thatsachen über die angepriesene Waare oder die gewerbliche Leistung in der vom Gesetz hervorgehobenen Weise besteht.

Geschieht die Reklameausschreitung in betrügerischer Weise, d. h. durch Vorspiegelung wissentlich falscher und zur Täuschung geeigneter Thatsachen, dann stellt sich der unlautere Wettbewerb als eine strafrechtlich verfolgbare Handlung dar. Dieselbe ähnelt dem Vergehen des Betruges nach § 263 R.Str.G.B., weicht von ihm aber, wie bereits oben erwähnt, insofern ab, als zum Thatbestande des Betruges nicht allein die Erfordernisse der Vorspiegelung falscher Thatsachen und auch nicht die nur mögliche Irreführung ausreichen, sondern die durch die Vorspiegelung der falschen Thatsache hervorgerufene Irrthumserregung und die durch letztere bewirkte Vermögensbeschädigung einer bestimmten Person gegeben sein müssen. Wenn auch die Person des Getäuschten und des Geschädigten nicht zusammenfallen müssen, so muß doch die Wechselwirkung, der sogen. Kausalnexus zwischen Täuschung und Schädigung bestehen. Zum Thatbestande des strafbaren unlauteren Wettbewerbs genügt aber nur die Aufstellung wissentlich unwahrer thatsächlicher Angaben, welche an sich geeignet sind, eine Täuschung hervorzurufen, ohne daß eine solche in Wirklichkeit erfolgt ist.

Nicht minder gefährlich wie der Reklameunfug erscheint die auf dem Gebiete des unlauteren Wettbewerbes allgemein eingezogene Quantitätsverschleierung. Dieselbe besteht darin, daß statt der vom Käufer erwarteten, auch sonst üblichen Mengenverhältnisse an Zahl, Maß oder Gewicht kleinere Quantitäten verkauft werden. Dieser an Betrug streifende unlautere Wettbewerb hat sich nur im Einzelverkehr eingeschlichen, im Großhandel hat er gegenüber dem Abschluß fester Verträge und der

der Abnahme sich anschließenden Prüfung der Waare seitens des Käufers nicht Platz greifen können.

Die Beseitigung dieses Mißstandes ist in die Hände des Bundesraths gelegt, und ihm zu diesem Ende eine zweifache Befugniß beigelegt worden: er kann anordnen, daß bestimmte Waaren nur in den vorgeschriebenen Einheiten oder mit äußerlich erkennbarer Angabe der Einheiten nach Zahl, Länge und Gewicht oder unter beiden Einschränkungen vertrieben werden.

Mit Rücksicht auf die Beschwerlichkeiten, welche im Bierkleinhandel die Aufstellung eines Einheitsmaßes im Gefolge haben würde, soll hier nur die Angabe des Inhaltes vorgeschrieben werden können.

Daß unter Umständen auch die Quantitätsverschleierungen der vorgedachten Art einen vollendeten oder zum Mindesten einen versuchten Betrug involviren können, bedarf keiner weiteren Ausführung.

In oft gemeinschädlicher Weise zeigt sich ferner der unlautere Wettbewerb in den Angriffen auf den Ruf und den Kredit des unbequemen Mitbewerbers. Gegen solches verwerfliches Gebahren bot die bisherige Gesetzgebung und Rechtsprechung wenn überhaupt, so doch nur geringe Hülfe. Nach der Auslegung, welche das Reichsgericht[1]) dem § 186 Str.G.B. gab, macht sich derjenige der Be-

[1]) 1./10. 80, E. 2, 309.

leidigung schuldig, der in Bezug auf einen Kaufmann ohne weitere Einschränkung die unwahre, d. i. wissentlich unrichtige Angabe, daß derselbe zahlungsunfähig geworden, macht. An der Hand dieser noch dazu lediglich strafrechtlichen Bestimmung ließ sich dem unlauteren Wettbewerb mit Erfolg nicht entgegentreten, da sie nur den einen, allerdings schwerwiegendsten Fall der Kreditschädigung, die Behauptung der Kreditunfähigkeit im Auge hat, während doch schon die Herabsetzung der Leistungen und der Waaren eines anderen Gewerbetreibenden für ihn von den übelsten Folgen begleitet sein kann.

Das Gesetz verbietet nun zwei Arten von Kreditschädigung: die übele Nachrede und die verleumderische Kreditschädigung (§§ 6 u. 7). Die übele Nachrede hat die Aufstellung nicht erweislich wahrer Behauptungen zur Voraussetzung, gleichviel ob derjenige, der die Behauptungen aufstellt, dieselben für wahr gehalten hat oder nicht. Erfolgt dagegen die Kreditschädigung in verleumderischer Weise, d. h. werden die unwahren Behauptungen wider besseres Wissen aufgestellt, dann liegt eine strafrechtlich verfolgbare Handlung vor, auch ohne den Beweggrund des unlauteren Wettbewerbs. Wie der § 187 Str.G.B. die verleumderische Ehrverletzung gegen eine bestimmte Person behandelt, so soll im obigen Paragraph die verleumderische Verletzung der Geschäftsehre, nämlich des Inhabers oder Leiters eines Geschäfts, getroffen werden.

Ebensowenig ausreichend war bisher der Schutz der Firma und des Namens eines geschäftlichen Unternehmens gesichert. Der Schutz der Firma eines Kaufmanns ist zwar bereits im Handelsgesetzbuch[1]) vorgesehen, indessen hat sich derselbe bisher als zweifelhaft erwiesen, insofern, als hier der Mißbrauch der Firma durch unbefugte Führung derselben verboten ist, während die mißbräuchliche Benutzung der Firma durch irgendwelche für wesentlich erachtete Abänderung zumeist nicht verfolgt werden kann. Ferner ist dort nur die Firma eines im Handelsregister eingetragenen Kaufmannes geschützt, während der Name des Geschäfts anderer, nicht als Vollkaufmann anzusehender Gewerbetreibender bisher schutzlos dastand.

Wesentliche Aenderungen und Verbesserungen brachte indessen bereits das Markenschutzgesetz vom 30. November 1874 und in seiner Umgestaltung als Gesetz zum Schutze der Waarenbezeichnungen vom 12. Mai 1894. Indessen, wie schon der Titel des Gesetzes besagt, erstreckt sich sein Schutz nur auf Waaren und Waarenbezeichnungen, d. h. der Mißbrauch der Firma und des Namens eines Andern ist nur für den Fall verboten, daß derselbe zur Kennzeichnung von Waaren vorgenommen wird. Dabei war der Mißbrauch, der mit dem eigenen Namen oder der eigenen Firma getrieben wird, unberücksichtigt gelassen.

[1]) Art. 27.

Nunmehr ist jeder Mißbrauch der Bezeichnung, unter welcher ein fremdes oder ein eigenes Erwerbsgeschäft geführt wird, im weitesten Umfange verboten, vorausgesetzt, daß derselbe im geschäftlichen Verkehr, d. h. unter Gewerbetreibenden, zur Herbeiführung von Verwechselungen vorgenommen wird und hierzu dienen kann. Beide Erfordernisse, die Absicht der Irrthumserregung auf der einen und die Möglichkeit, — nicht die Thatsächlichkeit des Eintritts eines Irrthums auf der andern Seite, bilden die Voraussetzungen der Verantwortlichkeit, die hier wie nach französischem Rechte nur eine civilrechtliche ist, weil hier nicht allgemeine, sondern nur die Interessen bestimmter Mitbewerber in Frage kommen.

Der Name oder die Bezeichnung eines gewerblichen[1]) Unternehmens, ebenso wie der Name und die Bezeichnung einer Druckschrift, sind auf Anregung der Kommission, einem gerade in letzter Zeit stark hervorgetretenen Bedürfniß entsprechend, als Schutzgegenstand noch besonders aufgenommen worden. Da nach Ansicht des Reichsgerichts[2]) Zeitungstitel als Waarenzeichen nicht anzusehen sind, so war ihnen nach bisheriger Gesetzgebung jeder Schutz versagt.

---

[1]) „Gewerblich" kennzeichnet auch hier den Unterschied vom „Wissenschaftlichen" und „Künstlerischen".

[2]) R.G.Entsch. v. 20. März 1896, in Sachen Manufakturist (noch nicht gedruckt).

Eines der wichtigsten Kapitel des ganzen Gesetzes bilden zweifellos die Bestimmungen über den Schutz der Geschäfts- und Betriebsgeheimnisse. Trotzdem später, nach den Motiven[1]) zum ersten Entwurfe des Gesetzes, die Frage, ob ein solcher Schutz überhaupt erforderlich sei und im Interesse des Handels und der Industrie liege, von den zu ihrer Erörterung einberufenen Sachverständigen rücksichtlich der Betriebsgeheimnisse einstimmig, bezüglich der Geschäftsgeheimnisse mit Stimmenmehrheit bejaht wurde, hatte doch bisher, wenigstens von Reichswegen, ein Schutz gewerblicher Geheimnisse nicht bestanden, denn der bisher gebotene Schutz erstreckte sich, abgesehen von der jedem Beamten obliegenden Amtsverschwiegenheit, nur auf Staatsgeheimnisse,[2]) auf das Briefgeheimniß,[3]) auf die Rechts- und ärztlichen Beiständen anvertrauten Geheimnisse,[4]) sowie auf die Geheimnisse eines Betriebes gegenüber den Vertretern der Berufsgenossenschaften bei der Ueberwachung der Unfallverhütung,[5]) während die in einigen Staaten[6]) des vormaligen

---

[1]) S. 22. — [2]) §§ 92 I u. 353a Str.G.B.

[3]) § 299 Str.G.B. — [4]) § 300 Str.G.B.

[5]) §§ 82 ff. u. 107 ff. Unfallvers.-Gesetzes v. 6. Juli 84.

[6]) Württemberg, Str.G.B. v. 1./3. 39, Art. 369; Braunschweig, Krim.G.B. v. 10./7. 40 § 237; Hannover, Krim.G.B. v. 8./8. 40 Art. 218; Baden, Str.G.B. v. 5./2. 51 § 544; Sachsen, Str.G.B. v. 1./10. 68 Art. 372. Das preuß. Landrecht bedrohte (II. 20, § 148) den Verrath von „Fabriken- und Handlungsgeheimnissen an Fremde"

deutschen Bundes in Geltung gewesenen Strafbestimmungen zum Schutze der Geheimnisse auf gewerblichem Gebiete nicht sowohl durch die Einführungsgesetze zum Strafgesetzbuch vom 31. Mai 1870, bezw. für Elsaß-Lothringen vom 30. August 1871, als vielmehr im Hinblick auf Art. 4 Nr. 6 der Reichsverfassung, wonach der Schutz des geistigen Eigenthums der Beaufsichtigung und der Gesetzgebung des Reichs unterworfen ist, außer Kraft getreten sind, wenigstens thatsächlich, ob zu Recht, mag hier nicht näher erörtert werden.[1]) Denn es kann keinem Bedenken unterliegen, daß die sogen. Betriebs- und Geschäftsgeheimnisse unter das Gebiet des sogen. geistigen Eigenthums — „geistig" ist kausativ zu denken — fallen, stellen sie doch, ähnlich

(Ausländer) mit vier- bis achtjähriger Festungs- oder Zuchthausstrafe! — Von ausländischen Gesetzgebungen seien genannt: Frankreich, code pénal art. 418; Belgien, code pénal art. 309; Italien, codice penale art. 163 ff.; Holland, Str.G.B. Art. 272 ff.; Spanien, codigo penal art. 512; Portugal, cod. pen. art. 462; Mexiko, cod. pen. art. 767; Oesterreich-Ungarn cessirt; Schweiz: Genf, art. 378; Wallis art. 286.

[1]) So gelangt das Reichsgericht in seinem Erkenntniß v. 3. Jan. 87 (Entscheid. XXIV S. 69) zu dem Schlusse, daß die auch in Elsaß-Lothringen s. Z. eingeführte Strafbestimmung des code pénal art. 418 über den Verrath von Fabrikgeheimnissen dort noch Geltung habe, weil diese Materie vom deutschen Strafgesetzbuch nicht berührt und deshalb nach Art. II des Einführungsgesetzes zum Strafgesetzbuch für Elsaß-Lothringen vom 30. August 1871 dort noch in Kraft geblieben sei.

wie die Erfindung, wenn auch nicht immer, so doch zumeist das Ergebniß langer, oft mühevoller geistiger Thätigkeit dar, das ebenso auf Schutz Anspruch erheben darf wie die Erfindung. Thatsächlich ist aber auch von keiner Seite der Versuch gemacht worden, den landesrechtlichen Bestimmungen über die Neuerstehung des Deutschen Reiches hinaus Geltung zu verschaffen.

Auch hier war es wiederum Kohler, der in seinem unermüdlichen Bemühen schon vor geraumer Zeit den strafrechtlichen Schutz des Geschäftsgeheimnisses als „ein dringendes Postulat der deutschen Gesetzgebung bezeichnete, weil dringende Interessen der redlichen Industrie gegenüber den Usurpationen dessen, was erdacht und ersonnen ist, zu schützen sind.[1])

Da nun die Verletzung der Geschäftsgeheimnisse fast ausschließlich im unlauteren Wettbewerb seinen Beweggrund hat, so lag nichts näher, als die Schutzbestimmungen für die Geschäftsgeheimnisse in den Rahmen eines der Bekämpfung des unlauteren Wettbewerbes dienenden Gesetzes miteinzufügen. Nicht ohne erhebliche Schwierigkeiten war es möglich, allen Wünschen gerecht zu werden. Von der einen Seite wurde überhaupt jeder Schutz als entbehrlich, sogar als bedenklich verworfen; die Gegner vermochten andrerseits sich den Schutz nicht umfassend

[1]) „Patent- und Industrierecht" Heft I S. 92. (Glaser's Annalen 88 S. 31.)

genug namentlich rücksichtlich der Zeit vorzustellen. Es ist nicht uninteressant, die Genesis dieser gesetzlichen Bestimmung zu verfolgen. Nach dem ersten Gesetzentwurf sollte den Angestellten u. s. w. eines Geschäftsbetriebes eine Schweigepflicht noch für zwei Jahre nach Beendigung des Dienstverhältnisses auferlegt werden. Diese Verpflichtung wurde vielfach als zu lange während und deshalb als zu störend und hemmend für den Angestellten in seinem späteren Fortkommen angesehen. Der dem Reichstag später vorgelegte Entwurf wollte zwischen den Geschäfts- und Betriebsgeheimnissen, die dem Angestellten anläßlich des Dienstverhältnisses anvertraut oder sonst zugänglich geworden, und denjenigen, die ihm als Geheimnisse ausdrücklich bezeichnet und als für eine bestimmte Zeit als geheim zu halten anvertraut sind, unterschieden wissen und erstere während der Geltungsdauer des Dienstvertrages, letztere noch nach Ablauf des Dienstvertrages geschützt sehen.

In der Kommission war man der Ansicht, daß es schwer oder überhaupt nicht durchführbar sei, in irgend einem größeren Geschäfte Geheimnisse den Angestellten als solche besonders schriftlich anzuvertrauen, es müßte denn über solche Fälle geradezu Buch geführt werden; andererseits erscheine es als gegen alle gesunden wirthschaftlichen Grundsätze verstoßend, den Angestellten an der Verwendung der Kenntnisse zu verhindern, welche er sich durch seine Tüchtigkeit und Fähigkeit erworben habe. Auch würde eine Einschränkung der Geheimhaltung für eine vom Geschäftsherrn beliebig zu diktirende Zeit über die Endschaft des Dienstvertrages hinaus manche tüchtige Kraft ins Ausland zu einer dortigen, nicht verfolgbaren Verwerthung seiner Beobachtungen und Erfahrungen treiben. Alle diese Gründe waren durchschlagend, der Bestimmung zum Schutze der Geschäfts- und Betriebsgeheimnisse die später auch vom Plenum des Reichstages gutgeheißene, zum Gesetz erhobene Fassung zu geben, nach welcher dem Angestellten die Mittheilung eines vermöge des Dienstverhältnisses anvertraut oder sonst zugänglich gewordenen Geheimnisses an Andere zu Zwecken des Wettbewerbes oder in einer den Geschäftsherrn schädigenden Absicht, nur für die Geltungsdauer des Dienstverhältnisses (nicht Dienstvertrages) untersagt sein soll.

Daneben ist das Verbot, daß ein Anderer, der ein ihm durch Mittheilung der vorgenannten Art oder durch eine ungesetzliche oder die guten Sitten verletzende Handlung bekannt gewordenes Geschäfts- oder Betriebsgeheimniß verwerthet oder weiter mittheilt, ebenso aufrecht erhalten geblieben, wie das Verbot der zum Zwecke des Wettbewerbes, jedoch ohne Erfolg gebliebenen Anstiftung zur unbefugten Mittheilung des Geheimnisses.

Nach Analogie der bisher erlassenen Gesetze auf dem Gebiete des gewerblichen Rechtsschutzes mußte endlich auch in das vorliegende Gesetz eine die internationale Reziprozität regelnde Bestimmung aufgenommen werden, da bei der Internationalität von Handel und Gewerbe gerade der unlautere Wettbewerb seine Fänge über die Grenzpfähle des In- und Auslandes hinaus zu erstrecken sucht. Es sollen daher die Wohlthaten des in erster Linie dem heimischen Handel und Gewerbe zu Gute kommenden Gesetzes dem Ausländer, d. i. dem nicht im Inlande ansässigen Gewerbetreibenden nur unter der Voraussetzung zutheil werden, daß auch der ausländische Staat deutschen Gewerbetreibenden den gleichen Rechtsschutz gewährt.

Möge auch dieses auf das sorgfältigste vorbereitete und unter thunlichster Berücksichtigung aller geltend gemachten Interessen und laut gewordenen Wünsche ausgearbeitete Gesetz, an dessen Herstellung, wie selten an einem anderen, das ganze deutsche Volk, nicht nur seine berufenen Vertreter, sondern auch alle interessirten Kreise theilgenommen haben, dem Handel und dem Gewerbe unseres deutschen Vaterlandes zum Heil und Segen gereichen!

Berlin, Pfingsten 1896.

Dr. Stephan.

(Nr. 2306.)

Gesetz

zur

Bekämpfung des unlauteren Wettbewerbes.

Vom 27. Mai 1896.

(Reichs=Gesetzblatt 1896. Nr. 13. Seite 145—149.)
(Ausgegeben zu Berlin den 30. Mai 1896.)

Wir **Wilhelm**, von Gottes Gnaden Deutscher Kaiser, König von Preußen 2c.
verordnen im Namen des Reichs, nach erfolgter Zustimmung des Bundesraths und des Reichstags, was folgt:

§. 1.

Wer in öffentlichen Bekanntmachungen [1]) oder in Mittheilungen, welche für einen größeren Kreis von Personen bestimmt sind, über geschäftliche Verhältnisse,[2]) insbesondere über die Beschaffenheit,[3]) die Herstellungsart [4]) oder die Preisbemessung [5]) von Waaren [6]) oder gewerblichen Leistungen,[7]) über die

Art des Bezuges[8]) oder die Bezugsquelle[9]) von Waaren, über den Besitz von Auszeichnungen,[10]) über den Anlaß oder den Zweck des Verkaufs[11]) unrichtige Angaben[12]) thatsächlicher Art[13]) macht, welche geeignet sind, den Anschein[14]) eines besonders günstigen Angebots hervorzurufen, kann auf Unterlassung der unrichtigen Angaben in Anspruch[15]) genommen werden. Dieser Anspruch kann von jedem Gewerbetreibenden,[16]) der Waaren oder Leistungen gleicher oder verwandter Art herstellt oder in den geschäftlichen Verkehr bringt,[17]) oder von Verbänden zur Förderung gewerblicher Interessen[18]) geltend gemacht werden, soweit die Verbände als solche in bürgerlichen Rechtsstreitigkeiten klagen können.

Neben[19]) dem Anspruch auf Unterlassung der unrichtigen Angaben haben die vorerwähnten Gewerbetreibenden auch Anspruch auf Ersatz des durch die unrichtigen Angaben verursachten Schadens[20]) gegen denjenigen, der die Angaben gemacht hat, falls dieser ihre Unrichtigkeit kannte oder kennen mußte.[21]) Der Anspruch auf Schadensersatz kann gegen Redakteure, Verleger, Drucker oder Verbreiter[22]) von periodischen Druckschriften[23]) nur geltend gemacht werden, wenn dieselben die Unrichtigkeit der Angaben kannten.[24])

Die Verwendung von Namen, welche nach dem Handelsgebrauch zur Benennung gewisser Waaren dienen, ohne deren Herkunft bezeichnen zu sollen, fällt unter die vorstehenden Bestimmungen nicht.[25])

Im Sinne der Bestimmungen des Absatzes 1 und 2 sind die Angaben thatsächlicher Art bildliche Darstellungen und sonstige Veranstaltungen gleich zu achten, die darauf berechnet und geeignet sind, solche Angaben zu ersetzen.

Unter Waaren im Sinne dieses Gesetzes sind auch landwirthschaftliche Erzeugnisse, unter gewerblichen Leistungen auch landwirthschaftliche zu verstehen.

Ueber §§ 1—4 (Reklameunfug) siehe auch das in der Einleitung (S. 20 ff.) Gesagte.

1. Oeffentliche Bekanntmachung ist jede Veröffentlichung, welche zur Kenntniß einer unbestimmten Menge von Personen bestimmt ist und gelangen kann, ohne Rücksicht darauf, ob sie im einzelnen Falle zur Kenntniß einer größeren Anzahl von Personen gelangt ist. Vgl. Reichsger.-Entsch. v. 4. u. 7. Mai 83, R. 5, S. 317 u. 333. Die Bekanntmachung oder Mittheilung kann durch Wort, Bild oder Schrift, mündlich (durch Ausruf), schriftlich (durch Briefe oder Rundschreiben) oder durch Druckschrift bezw. durch irgendwelche mechanische Vervielfältigung erfolgen.

2. Geschäftliche Verhältnisse. Diese auf Antrag der Kommission, in das Gesetz aufgenommene, nicht unbedenkliche Verallgemeinerung umfaßt alle nur möglichen Umstände, unter deren Bezugnahme die Anpreisung erfolgt; sie kann sich auf die Entstehung, das Alter, den Erwerb, den Umfang, den Absatz, die Bedeutung, den Ruf, den Kundenkreis des Geschäftes beziehen, so daß namentlich mit Rücksicht auf das verbindende Wort „insbesondere" die nachfolgenden Umstände nur als erläuternde Beispiele zu behandeln sind.

3. Beschaffenheit drückt die äußeren und inneren Eigenschaften, namentlich die Herstellungsart und Zusammensetzung der Waare aus. Unrichtige Angaben über die Beschaffenheit liegen vor, wenn als wollene Stoffe halbwollene, als seidene halbseidene, als goldene golddoublirte oder plattirte Waaren bezeichnet werden.

4. Herstellungsart verweist auf die Unterschiede bei der Gewinnung, Ver- und Bearbeitung der Rohstoffe zu Waaren, ob sie mittels Handarbeit oder in Fabrik, ob mit oder ohne Maschinen, ob in freien Werkstätten oder in Strafanstalten hergestellt sind.

5. Preisbemessung ist die Festsetzung des Werthes, welchen die Waare für den Käufer haben soll; (R.G. Straff. I, 266). Der Werth der Waare kann ein subjektiv relativer oder ein objektiv absoluter sein, sofern auf die Neigungen, Wünsche und Bedürfnisse des Käufers Rücksicht genommen wird oder nicht. Die Preisbemessung unterliegt lediglich dem freien Ermessen des Verkäufers, sie fällt aber in den Bereich unlauteren Wettbewerbes, sofern sie einen Irrthum über den sonst üblichen, höheren Preis der Waare hervorruft, also wenn z. B. Waaren mit niedrigeren Preisen ausgeboten oder ausgelegt, als später verkauft werden.

6. Waare ist jedes körperliche, bewegliche Sachgut mit Tauschwerth. Unbewegliche Gegenstände, also z. B. Grundstücke, sind nicht Waare im „volkswirthschaftlichen" Sinne dieses Gesetzes.

7. Unter gewerblichen Leistungen oder Arbeiten sind die Erzeugnisse menschlicher Thätigkeit auf dem Gebiete des gewerblichen Lebens, im Gegensatz zu künstlerischen oder wissenschaftlichen Leistungen zu verstehen, wohl sind aber auch kunstgewerbliche Leistungen als gewerbliche anzusehen. Im Uebrigen ist unter Gewerbe jede auf Erzielung eines Erwerbes gerichtete Berufsthätigkeit zu verstehen, gleichgültig ob dasselbe konzessionirt

oder besteuert ist, ob es der Gewerbetreibende selbständig oder als Angestellter betreibt. R. 1, 727. A. 9, 298. Als Gewerbetreibender ist also nicht allein der Kaufmann und Handwerker, sondern auch der Fabrikant, der Landwirth, der Gärtner, sowie der Arzt, Apotheker, Droguist, Buchhändler u. s. w. anzusehen.

8. Art des Bezuges kann verschieden sein, je nachdem die Waare z. B. vom Fabrikanten oder Produzenten, mit eigenen oder fremden Transportmitteln, zu Land oder zu Wasser (z. B. beim Thee), durch eigene direkte Verbindung mit dem Herstellungs- oder Herkunftsort, mit oder ohne Umladung u. s. w. bezogen ist.

9. Bezugsquelle bedeutet den rein geschäftlichen, nicht geographischen Hinweis auf die Herkunft der Waare. Die geographisch-fälschliche Angabe des Ursprungs ist bereits im § 16 des Gesetzes zum Schutze der Waarenbezeichnung vorgesehen. Eine unrichtige Bezugsquellenangabe liegt vor, wenn die angepriesene Waare z. B. aus Havarie, Brand, Konkurs, Nachlaß, infolge plötzlichen Todesfalls, Umzugs, Wohnungs- oder Wohnortswechsels des Vorbesitzers erworben sein soll. Vgl. hierzu auch Entsch. d. Reichsger. v. 20./9. 83, E. 9, 171.

10. Unter Auszeichnungen sind nicht allein Orden und andere Ehrenzeichen, deren unbefugtes Tragen bereits nach § 300 Nr. 8 Str.G.B. verboten ist, sondern namentlich die anläßlich gewerblicher Ausstellungen und Preisausschreibungen verliehenen Medaillen und Diplome sowie auch behördliche Belobigungs- und Anerkennungsschreiben zu verstehen.

11. Anlaß und Zweck des Verkaufs bilden den äußeren bezw. inneren Grund der Veräußerung der Waare auf Seiten des Verkäufers. Der Anlaß kann ebenso verschieden sein wie der vermeintliche Zweck, wenn wegen Aufgabe, Verlegung oder Aenderung des Geschäfts und der Geschäftsräume, oder wegen Konkurses,

Brand- und anderen Schadens, oder wegen Todesfalles, Erbtheilungs halber, Umzugs halber zu einem verhältnißmäßig niedrigen Preise Waaren (schleunigst) verkauft werden sollen. Hiermit sollen namentlich die Ausverkäufe getroffen werden.

12. Unrichtig müssen die Angaben sein, d. i. unbewußt unrichtig, sind sie dagegen wissentlich unrichtig, d. i. unwahr, dann greifen die Bestimmungen des § 4 Platz.

13. Angaben thatsächlicher Art sind sogen. positive Behauptungen und bilden den Gegensatz zu gutachtlichen Aeußerungen, Urtheilen. Angaben über die Beschaffenheit einer Waare werden zuweilen als Urtheile aufzufassen sein, sofern es sich namentlich um vermeintliche Vorzüge derselben handelt. Die Grenze zwischen Behauptungen und Urtheilen wird oft nicht leicht, immer aber unter eingehender Prüfung des jedesmaligen Falles zu ziehen sein.

14. Es genügt, daß durch die Angabe der Anschein eines für das kauflustige Publikum besonders, d. i. den sonstigen jeweiligen geschäftlichen Verhältnissen, Angeboten und Nachfragen sowie Preisen gegenüber günstigen Angebots ermöglicht wird; daß dieser Anschein in Wirklichkeit hervorgerufen ist, ist nicht erforderlich.

15. Die Inanspruchnahme ist hier nur eine civilrechtliche und kann auf Unterlassung der unrichtigen Angaben, sowie auch auf Ersatz des verursachten Schadens gerichtet werden. Letzterer Rechtsbehelf tritt aber nur dann ein, wenn derjenige, der die Angaben gemacht hat, die Unrichtigkeit derselben kannte oder kennen mußte. Die erste Klage ist also eine viel weitergehende und hat zu ihrer Voraussetzung nur die Thatsache der Aufstellung unrichtiger Angaben seitens des später Beklagten; ob dieser wissentlich oder unbewußt, vorsätzlich oder unabsichtlich gehandelt hat, ist gleichgültig. Es genügt zum

Thatbestande der Klage nur, daß der Beklagte unrichtige geschäftliche, den Anschein eines besonders günstigen Angebots möglicherweise erweckende Angaben über eine Waare u. s. w. gemacht hat. Die Klage ist die negative Feststellungsklage im Sinne des § 231 C.P.O. Auch kann eine Strafandrohung für jede Zuwiderhandlung gegen die gerichtlich auszusprechende Untersagung in der Klage beantragt und im Urteil event. noch im Zwangsvollstreckungsverfahren festgesetzt werden. Vgl. hierzu § 775 C.P.O. Die anzudrohende Strafe besteht in Geldstrafe bis zu 1500 Mk. oder in Haftstrafe bis zu 6 Monat.

16. Die Unterlassungsklage ist keine sogen. Popularklage, sie kann nicht von Jedermann, sondern nur von einem Mitbewerber, d. h. einem Gewerbetreibenden auf dem gleichen in Frage kommenden Gebiete erhoben werden. Gleichartig sind die Waaren nicht allein dann, wenn sie aus denselben Stoffen zusammengesetzt oder hergestellt sind, sondern schon, wenn sie nach ihrem äußeren Aussehen übereinstimmen oder verwechselungsfähig sind. — Vgl. hierzu Kommissionsbericht zum Gesetz zum Schutze der Waarenbezeichnungen vom 12. Mai 1894, S. 2.

17. Die Aufstellung und Feilhaltung einer Waare stellt bereits ein Inverkehrbringen dar. Vgl. R.G. vom 13./1. 87.

18. Aktiv legitimirt zur Klage sollen ferner die gewerblichen Interessentenverbände sein, sofern sie civilrechtlich klagen können, d. h. prozeßfähig sind. Da nun prozeßfähig nur eine natürliche oder juristische Person sein kann, d. i. eine Person, die sich durch Verträge verpflichten kann, so wird die Prozeßlegitimation nur den mit Korporationsrechten ausgestatteten Verbänden zuzusprechen sein, das sind: Innungen, Genossenschaften; immerhin kann aber erforderlichen Falls ein Gewerbe-

treibender der oben (Anm. 10) gedachten Art zur Führung des Prozesses veranlaßt werden.

19. Die Verbindung beider Klagen, der negatorischen und der Schadensersatzklage ist nach § 232 C.P.O. zulässig. Die Voraussetzungen zur Aktiv- und Passivlegitimation sind für beide Klagen dieselben obengenannten. Auch gegen juristische Personen können beide Klagen gerichtet werden. Denn nach gemeinem wie nach preußischem Rechte haftet eine juristische Person für das Verschulden ihrer Vertreter ebenso wie eine natürliche Person für ihr eigenes Verschulden. Entsch. R.G. 22, 259. Ob mehrere Personen, welche durch ein und dieselbe Handlung unrichtige Angaben gemacht haben, solidarisch oder getrennt haften, wird nach den im einzelnen Falle in Betracht kommenden Landesgesetzen zu entscheiden sein.

20. Die Entschädigungsklage erstreckt sich auf Ersatz des ganzen, d. i. des unmittelbaren und mittelbaren Schadens, des thatsächlichen Schadens und des entgangenen Gewinnes. Zumeist wird der verursachte Schaden mindestens dem erzielten Gewinne gleich zu schätzen sein. R.G. Straff. 6, 272.

21. Nicht allein die Kenntniß der Unrichtigkeit der gemachten Angaben, sondern schon die auf Fahrlässigkeit beruhende Unkenntniß verpflichtet zum Schadensersatz, sofern der Beklagte sich der Prüfung der begleitenden Umstände, aus denen er die Ueberzeugung von der Unrichtigkeit jener Angaben hätte gewinnen müssen, absichtlich entzogen hat. R.G. Straff. E. 2, 143; R. 1, 691; E. 7, 85.

22. Die Bestimmung über die Haftung der für den Inhalt einer periodischen Druckschrift verantwortlichen Personen für Schadensersatz ist erst nach den Vorschlägen der Kommission in das Gesetz aufgenommen, jedoch ist die von der Kommission nach den Vorschriften

des R.Preßgesetzes im § 21 Abs. 2 auch für den Fall vorgeschlagene Haftung des Redakteurs, daß er den Verfasser oder Einsender der unrichtigen Angabe, der sich im Bereich der richterlichen Gewalt eines deutschen Bundesstaates befindet, nicht nachweist, als zu weit gehend vom Reichstag abgelehnt worden.

23. Periodische Druckschrift ist im preßgesetzlichen Sinne jede Zeitung und Zeitschrift, welche in monatlichen oder kürzeren, auch unregelmäßigen Fristen erscheint. (§ 7 des Preßgesetzes.)

24. Für den Inhalt der Druckschrift verantwortlich sind der Redakteur sowie der Verleger und der Drucker, nicht aber andere Personen, welche die Druckschrift gewerbsmäßig oder sonst öffentlich vertreiben. Diese haften nur im Falle des § 4 des vorliegenden Gesetzes. Ob Verleger und Drucker die Unrichtigkeit der Angaben gekannt haben, ist gleichgiltig, die Kenntniß seitens des Redakteurs macht sie mitverantwortlich für den Schadensersatz. Ob diese Personen solidarisch oder pro rata haften, wird nach den zur Anwendung kommenden Landesgesetzen zu beurtheilen sein.

25. Auf Antrag des Reichstages ist diese Bestimmung aus einer sich von selbst ergebenden Konsequenz aus dem Gesetz zum Schutze der Waarenbezeichnungen (§ 16 Abs. 2) übernommen worden.

Ob die Benennung einer Waare nach ihrer ursprünglichen Herkunft letztere wirklich noch bezeichnet oder nicht, ist nach Handelsgebrauch oder nach allgemeinem Sprachgebrauch zu entscheiden. Oft hat die Herkunftsbezeichnung einer Waare ihre Bedeutung und Richtigkeit in den Kreisen der Handeltreibenden und namentlich der Abnehmer allmälig ganz verloren, so daß die Herkunftsangabe nur eine Gattungsbezeichnung darstellt, wie z. B. bei Schweizerkäse, Braunschweiger Pfefferkuchen, Jauerscher Wurst. Hier ist die Bezeichnung keine unrichtige. Wohl aber kann die Verantwortlichkeit wieder hergestellt werden, wenn der Gattungswaare ein besonderer, geographischer Zusatz gegeben und hierdurch die Herkunft ausdrücklich hervorgehoben wird, so, wenn z. B. außerhalb Bayerns gebrautes Bier als echt bayrisches verschänkt, nicht in Köln hergestelltes Kölnisches Wasser als echtes, nicht aus Karlsbad stammendes Mineralwasser als natürliches Karlsbader bezeichnet wird. Vgl. Kohler, Markenschutz S. 116.

26. Ueber bildliche Darstellungen und sonstige Veranstaltungen vgl. Anm. 1.

27. Auf Antrag der Kommission ist zur Behebung etwaiger Bedenken die sich schon von selbst ergebende Gleichstellung der landwirthschaftlichen Waaren oder Erzeugnisse mit den gewerblichen in das Gesetz aufgenommen worden.

§. 2.

Für Klagen auf Grund des §. 1 ist ausschließlich zuständig das Gericht,[1]) in dessen Bezirk der Beklagte seine gewerbliche Niederlassung[2]) oder in Ermangelung einer solchen seinen Wohnsitz[3]) hat. Für Personen,[4]) welche im Inlande weder eine gewerbliche Niederlassung noch einen Wohnsitz haben, ist ausschließlich zuständig das Gericht des inländischen Aufenthaltsortes, oder wenn ein solcher nicht bekannt ist, das Gericht, in dessen Bezirk die Handlung begangen ist.

1. Um durch Erhebung des Einwandes der anhängigen oder entschiedenen Sache einer Häufung von Prozessen bei demselben Gericht und der Anstrengung mehrerer auf denselben Antrag hinauslaufender Prozesse bei ver-

schiedenen Gerichten entgegenzutreten, ist für die Klage aus dem § 1 für Inländer wie für Ausländer ein ausschließlicher Gerichtsstand in zweifacher Form geschaffen worden, und zwar für erstere der Gerichtsstand der gewerblichen Niederlassung und der des Wohnsitzes, für letztere der des Aufenthaltsortes und der des Ortes der Handlung, jedoch mit der Einschränkung, daß immer der letztere Gerichtsstand erst dann in Betracht kommt, wenn ersterer versagt.

2. Gewerbliche Niederlassung = Hauptniederlassung ist der Sitz, der Mittelpunkt des Gewerbebetriebes.

Die gewerbliche Niederlassung begründet für sich allein keinen Wohnsitz. R.G.Civils. XXX, 350. Wohnsitz ist der Ort, an dem sich Jemand ständig niedergelassen hat. § 17 Entw. z. Bürgerl. Gesetzbuch.

3. Der Wohnsitz bestimmt sich nach dem bürgerlichen Recht. R.G.Civils. XXX, 348.

4. Auch rücksichtlich der von einem Ausländer, d. h. einer Person, die im Inlande weder wohnt noch eine Niederlassung hat, begangenen Reklameüberschreitung ist als selbstverständlich anzunehmen, daß sie im Inlande erfolgt ist. Was den Bezirk (Ort) der Handlung betrifft, so kann derselbe hier doppelt in die Erscheinung treten, namentlich bei der schriftlichen (brieflichen) und druckschriftlichen Reklame, die im Auslande veranlaßt und im Inlande erst zur Kenntniß der Personen gelangt, für welche die Mittheilung bestimmt ist. Nur der letztere Ort der Handlung kommt selbstverständlich hier in Betracht.

§. 3.

Zur Sicherung des im §. 1 Absatz 1 bezeichneten Anspruchs können einstweilige Verfügungen erlassen werden,[1]) auch wenn die in den §§. 814, 819 der Civilprozeßordnung bezeichneten Voraussetzungen

nichtzutreffen.[2]) Zuständig[3]) ist auch das Amtsgericht, in dessen Bezirk die den Anspruch begründende Handlung begangen ist; im Uebrigen finden die Vorschriften des §. 820 der Civilprozeßordnung Anwendung.

1. Der Erlaß einstweiliger Verfügungen zur Sicherung des Anspruchs auf Unterlassung unrichtiger Angaben ist an und für sich nach §§ 814 und 819 C.P.O. statthaft. Um jedoch eine thunlichst prompte Anwendung dieses Rechtsbehelfs eintreten zu lassen, soll die einstweilige Verfügung auch ohne die sonst gesetzlich vorgeschriebenen Voraussetzungen zu erlassen sein.

Einstweilige Verfügungen sind nach der Civil-Prozeß-Ordnung nur zulässig:

a. in Beziehung auf den Streitgegenstand, wenn zu besorgen ist, daß durch eine Veränderung des bestehenden Zustandes die Verwirklichung des Rechts einer Partei vereitelt oder wesentlich erschwert werden könnte (§ 814),

b. zum Zwecke der Regelung eines einstweiligen Zustandes in Bezug auf ein streitiges Rechtsverhältniß, sofern diese Regelung, insbesondere bei dauernden Rechtsverhältnissen zur Abwendung wesentlicher Nachtheile oder zur Verhinderung drohender Gewalt oder aus anderen Gründen nöthig erscheint (§ 819).

2. Die Beseitigung dieser prozessualen Voraussetzungen erhöht die Wirkung und die Vortheile einstweiliger Verfügungen bedeutend, sie entbindet aber den Antragsteller nicht von der Verpflichtung des Nachweises der im Gesetz aufgestellten thatsächlichen Voraussetzungen, welche den Anspruch auf Unterlassung der Angaben begründet erscheinen lassen.

3. Für die Erlassung der einstweiligen Verfügung ist sowohl das Gericht der Hauptsache, d. i. das Gericht der ersten Instanz, bei welchem der Rechtsstreit bereits anhängig oder anhängig zu machen ist (R.G. IV, 405; VII, 323) und, wenn die Hauptsache in der Berufungsinstanz anhängig ist, das Berufungsgericht (§ 821 C.P.O.) — oder nach dem vorliegenden Gesetz auch das Amtsgericht bezw. das Landgericht (Handelskammer) zuständig, in dessen Bezirk die den Anspruch begründende Handlung begangen ist. Welches von den Gerichten der Hauptsache anzugehen ist, richtet sich nach § 2 dieses Gesetzes.

Das angerufene zuständige Gericht trifft in dringenden Fällen auch ohne vorgängige mündliche Verhandlung die zur Erreichung des beabsichtigten Zweckes erforderlichen Anordnungen, die in dem Gebot oder Verbot einer Handlung bestehen kann.

So sind auch alle innerhalb der Zwangsvollstreckung zulässigen Anordnungen, also auch die Haft, statthaft. Begründung zur C.P.O. § 457.

In dringenden Fällen kann ferner das Gericht, in dessen Bezirk sich der Streitgegenstand befindet oder die zur Last gelegte Handlung begangen ist, — durch Beschluß, auch wenn mündliche Verhandlung bereits stattgefunden hat, (R.G. XIII, 324) — eine einstweilige Verfügung unter Bestimmung einer Frist erlassen, innerhalb deren der Gegner, d. i. der Antragsteller, zur mündlichen Verhandlung über die Rechtmäßigkeit der einstweiligen Verfügung vor das Gericht der Hauptsache (s. oben Anmerkung) zu laden ist. Nach fruchtlosem Ablaufe der Frist hat das Amtsgericht die erlassene Verfügung aufzuheben. § 820 C.P.O.

Die Aufhebung der einstweiligen Verfügung kann sonst nur „unter besonderen Umständen", z. B. solchen, die erst nachträglich eingetreten oder zwar älter, aber erst nachträglich zur Kenntniß des Betroffenen gelangt sind (R.G. XXIV, 369), gegen eine nach freiem Ermessen zu bestimmende Sicherheitsleistung gestattet werden. § 818 C.P.O. — Hierbei hat der Inanspruchgenommene die Rolle des Klägers. (R.G. XX, 383.)

Anstatt des Gerichts kann in dringenden Fällen der Vorsitzende über die in dem Verfahren, betreffend einstweilige Verfügungen, gestellten Gesuche, sofern deren Erledigung eine vorgängige mündliche Verhandlung nicht erfordert, entscheiden. Gegen die einstweilige Verfügung findet Widerspruch statt, infolgedessen über die Rechtmäßigkeit des erhobenen Anspruchs durch Endurtheil entschieden wird. §§ 822 u. 804 ff.

Gründe, welche in dem Gesuche um Erlaß der einstweiligen Verfügung noch nicht geltend gemacht sind, können in der mündlichen Verhandlung noch nachgebracht werden, sind aber ebenso wie die Einreden (des Beklagten) glaubhaft zu machen. R.G. V, 365 u. XXVII, 427.

Von einstweiligen Verfügungen sind einstweilige Anordnungen zu unterscheiden. S. §§ 535, 668 Abs. 2, 688 C.P.O. Vgl. Entsch. des R.G. XXIII, 395.

§. 4.

Wer in der Absicht, den Anschein eines besonders günstigen Angebots hervorzurufen, in öffentlichen Bekanntmachungen oder in Mittheilungen, welche für einen größeren Kreis von Personen bestimmt sind, über die Beschaffenheit, die Herstellungsart oder die Preisbemessung von Waaren oder gewerblichen Leistungen, über die Art des Bezuges oder die Bezugsquelle von Waaren, über den Besitz von Auszeichnungen, über den Anlaß oder den Zweck des Verkaufs wissentlich unwahre und zur Irreführung geeignete Angaben[1]) thatsächlicher Art macht, wird

mit Geldstrafe bis zu eintausendfünfhundert Mark bestraft.[2])

Ist der Thäter bereits einmal wegen einer Zuwiderhandlung gegen die vorstehende Vorschrift bestraft, so kann neben oder statt der Geldstrafe auf Haft oder auf Gefängniß bis zu sechs Monaten erkannt werden; die Bestimmungen des §. 245 des Strafgesetzbuchs finden entsprechende Anwendung.[3]

1. Ueber die einzelnen Punkte, auf welche sich die Angaben beziehen, vgl. die Anmerkungen zu § 1. Hervorzuheben ist jedoch, daß hier die allgemeine Klausel bezügl. der geschäftlichen Verhältnisse wegfällt.

2. Die Strafthat des unlauteren Wettbewerbes ist nach § 1 Abs. 2 Str.G.B. ein Vergehen. Nach § 12 d. G. tritt ihre Verfolgung nur auf Antrag ein; zur Stellung des Antrages sind nur die im § 1 aufgeführten Mitbewerber und Verbände berechtigt.

Die Strafverfolgung tritt ein im Wege der Privatklage. Die Staatsanwaltschaft ist zur Erhebung der öffentlichen Klage nur berechtigt, wenn dies im öffentlichen Interesse liegt. Ueber Privatklage und staatsanwaltliche Einschreitung vgl. Anmerk. zu § 12.

Die nicht beizutreibende Geldstrafe ist nach § 28 Str.G.B. in Gefängniß oder in Haft umzuwandeln, in Haft jedoch nur, sofern die erkannte Strafe nicht den Betrag von sechshundert Mark und die unterstellte Freiheitsstrafe nicht die Dauer von sechs Wochen übersteigt. Auch bei gleichzeitiger Umwandlung mehrerer dieserhalb erkannter Geldstrafen von nicht über 600 Mk. findet diese strafgesetzliche Bestimmung Anwendung. (R.G. v. 2./1. 83, E. 7, 368). In keinem Falle wird für jeden Straffall eine höhere Freiheitsstrafe als sechs Monat zu unterstellen sein.

3. Nach § 245 liegt Rückfall vor, wenn die That begangen wird, nachdem die frühere Strafe ganz oder theilweise verbüßt oder erlassen ist; dagegen tritt die Rückfallsbestrafung in Wegfall, wenn seit der Verbüßung oder dem Erlaß der letzten Strafe bis zur Begehung der neuen That zehn Jahre verflossen sind. Unter neuer That ist nur die jetzt zur Aburtheilung vorliegende That, und unter letzter Strafe die unmittelbar vorausgegangene zu verstehen. R.G. v. 4./3. 80, E. 1, 246.

Die Verurtheilung kann bekannt gemacht werden, gleichgiltig, auf welche Strafart erkannt ist. Vgl. näheres hierüber § 13 dieses Gesetzes.

§. 5.[1])

Durch Beschluß des Bundesraths[2]) kann festgesetzt werden, daß bestimmte Waaren im Einzelverkehr nur in vorgeschriebenen Einheiten der Zahl, der Länge und des Gewichts oder mit einer auf der Waare oder ihrer Aufmachung anzubringenden Angabe über Zahl, Länge oder Gewicht gewerbsmäßig verkauft oder feilgehalten werden dürfen.

Für den Einzelverkehr mit Bier in Flaschen oder Krügen kann die Angabe des Inhaltes unter Festsetzung angemessener Fehlergrenzen vorgeschrieben werden.

Die durch Beschluß des Bundesraths getroffenen Bestimmungen sind durch das Reichs-Gesetzblatt zu veröffentlichen und dem Reichstag sogleich oder bei seinem nächsten Zusammentritt vorzulegen.

Zuwiderhandlungen[3]) gegen die Bestimmungen des Bundesraths werden mit Geldstrafe bis einhundertundfünfzig Mark oder mit Haft bestraft.

1. Vgl. auch das in der Einleitung (S. 21 ff.) hierüber Gesagte.

2. Um den Mißbräuchen im Kleinhandel namentlich mit wollenen und baumwollenen Strickgarnen entgegen zu treten, der zwar nach Gewicht, aber nicht unter Zuwiegung im einzelnen Falle, sondern häufig unter Verschleierung eines geringeren Gewichtes erfolgt, sollen nunmehr die vom Bundesrath zu bestimmenden Waaren überhaupt nur in vorgeschriebenen Einheiten oder unter genauer Bezeichnung der Waaren zum Verkauf gelangen. Diese Bestimmung sollte nach dem Entwurf auch gegenüber den in Hohlmaßen verkauften Waaren Platz greifen, ist aber für den Kleinhandel mit Bier in Flaschen und Krügen (nicht in Gebinden) vom Reichstag auf die Angabe des Inhaltes unter Berücksichtigung der unvermeidlichen Fehlergrenzen eingeschränkt worden.

3. Die Zuwiderhandlung ist eine nur im ordentlichen Strafverfahren, nicht im Wege der Privatklage, ohne Rücksicht auf einen etwaigen Strafantrag des Verletzten, verfolgbare Uebertretung, die nach § 67 Abs. 3 Str.G.B. in drei Monaten verjährt.

Selbstverständlich steht, wie bei jeder unerlaubten Handlung, auch hier dem vermögensrechtlich Verletzten der Anspruch auf Schadensersatz zu.

§. 6.

Wer zu Zwecken des Wettbewerbes[1]) über das Erwerbsgeschäft[2]) eines Anderen, über die Person des Inhabers oder Leiters des Geschäfts,[3]) über die Waaren oder gewerblichen Leistungen[4]) eines Anderen Behauptungen thatsächlicher Art[5]) aufstellt oder verbreitet,[6]) welche geeignet sind, den Betrieb des Geschäfts oder den Kredit des Inhabers zu schädigen, ist, sofern die Behauptungen nicht erweislich wahr sind,[7]) dem Verletzten zum Ersatze des entstandenen Schadens verpflichtet. Auch kann der Verletzte den Anspruch[8]) geltend machen, daß die Wiederholung oder Verbreitung der Behauptungen unterbleibe.

Die Bestimmungen des ersten Absatzes finden keine Anwendung, wenn der Mittheilende oder der Empfänger der Mittheilung an ihr ein berechtigtes Interesse[9]) hat.

Vgl. auch das in der Einleitung (S. 22ff) über §§ 6 u. 7 Gesagte.

1 Zum Zwecke des Wettbewerbes, d. i. behufs Heranziehung von Kunden eines Mitbewerbers, sei es im eigenen oder im fremden Interesse; ist die Herabsetzung aus anderen Beweggründen geschehen, dann greift nicht § 6, sondern unter Umständen § 7 Platz.

2 Unter Erwerbsgeschäft ist jedes auf dauernden oder vorübergehenden Erwerb gerichtete Geschäft im Bereiche des Handels oder der Produktion gewerblicher, nicht künstlerischer oder wissenschaftlicher Art zu verstehen. Vgl. auch Anm. 7 zu § 1

3. Inhaber ist der nach Außen hin verantwortliche Eigenthümer, Pächter oder Nutznießer, Leiter, der im Namen des Inhabers statt desselben oder neben ihm das Geschäft in seiner Gesammtheit oder in einzelnen Zweigen führt. Vgl. auch R G 22./25. Juni 86, Entsch. in Strafs. XIV 240, O.V G 21 Nov 85, XII 339

4. Ueber Waaren und gewerbliche Leistungen vgl. Anm. 6 u. 7 zu § 1

5. Nur Behauptungen thatsächlicher Art, also nicht abfällige Urtheile, machen verantwortlich. Thatsache ist im Sinne des § 6 das erkennbar gezeichnete konkrete Geschehniß, welches mit einer Person oder einer Sache in unmittelbare Verbindung gebracht wird. Thatsachen und Urtheile gehen oft in Eins über, oft hat

letzteres ersteres zur integrirenden Voraussetzung, der einzelne Fall erfordert genaue Prüfung.

6. Verbreiten ist einer beliebigen Personenzahl auf irgendwelche Weise zugänglich machen.

7. Die Unwahrheit der behaupteten Thatsache hat der Kläger, den Einwand der Wahrheit der Beklagte unter Beweis zu stellen.

8. Der Anspruch des Klägers geht auf Schadensersatz und nach seinem Belieben auch auf fernere Unterlassung der Verbreitung. Vgl. hierüber Anm. 15 u. 16 zu § 1.

9. Das berechtigte Interesse hat der Beklagte nachzuweisen; nicht fremdes, sondern nur das eigene Interesse, d. i. desjenigen, der die Behauptung aufstellt und der sie mitgetheilt erhält, befreit von der Verantwortlichkeit. Die Wahrnehmung eines allgemeinen Interesses steht einer Privatperson und auch der Tagespresse nicht zu. Vgl. R.G. 3./7. 83, R. 5, 490; 21./9. 83, R. 5, 541.

§. 7.

Wer wider besseres Wissen über das Erwerbsgeschäft eines Anderen, über die Person des Inhabers oder Leiters des Geschäfts, über die Waaren oder gewerblichen Leistungen eines Anderen unwahre Behauptungen thatsächlicher Art aufstellt oder verbreitet, welche geeignet sind, den Betrieb des Geschäfts zu schädigen, wird mit Geldstrafe bis zu eintausendfünfhundert Mark oder mit Gefängniß bis zu einem Jahre bestraft.

Die hier gegebene Strafklage hat zur Voraussetzung: die Aufstellung einer positiven Behauptung seitens des Beschuldigten, die Kenntniß der Unwahrheit der Behauptung seitens desselben, die Geeignetheit der Behauptung zur Geschäftsschädigung. Die Beweislast trifft lediglich den Antragsteller, unbeschadet des sich von selbst ergebenden Rechtes des Beschuldigten zur Entkräftung der wider ihn erhobenen Beschuldigung bezw. zur Erhebung des Einwandes der Wahrheit.

Die Strafverfolgung tritt, da es sich um ein gegen eine Privatperson gerichtetes Vergehen handelt, nur auf Antrag ein. Zur Antragstellung ist nicht sowohl der im Geschäftsbetriebe Geschädigte, als vielmehr der in seiner Geschäftsehre Verletzte berechtigt. Die Strafverfolgung kann seitens des Antragstellers mittels der Privatklage betrieben werden, sofern nicht die Staatsanwaltschaft im öffentlichen Interesse die Verfolgung übernimmt.

Im Falle der Verurtheilung muß dem Verletzten die Befugniß zur Veröffentlichung der Verurtheilung zugesprochen werden, der Verletzte kann nicht auf dieses Recht, wohl aber auf die Veröffentlichung selbst verzichten. Andererseits kann, nicht aber muß die Freisprechung veröffentlicht werden.

Vgl. im übrigen das zu §§ 12 und 13 Gesagte.

§. 8.

Wer im geschäftlichen Verkehr [1]) einen Namen, eine Firma [2]) oder die besondere Bezeichnung eines Erwerbsgeschäfts, [3]) eines gewerblichen Unternehmens [4]) oder einer Druckschrift [5]) in einer Weise benutzt, [6]) welche darauf berechnet und geeignet [7]) ist, Verwechselungen mit dem Namen, der Firma oder der besonderen Bezeichnung hervorzurufen, deren sich ein Anderer befugterweise bedient, ist diesem zum Ersatze des Schadens verpflichtet. Auch [8]) kann

der Anspruch auf Unterlassung der mißbräuchlichen Art der Benutzung geltend gemacht werden.[9])

Vgl. auch das in der Einleitung S. 24 ff. über diesen Paragraphen Gesagte.

1. Geschäftlicher Verkehr ist im weitesten Sinne zu verstehen, er umfaßt die Geschäftsverbindungen aller Gewerbetreibenden, auch der sogen. höheren Gewerbetreibenden, des Arztes, des Rechtsanwaltes, des Apothekers, des Technikers, Chemikers u. A. mit dem Publikum und unter einander.

2. Die Firma ist der Name, unter welchem der Gewerbetreibende seine Geschäfte betreibt; ob dieselbe im Handelsregister eingetragen ist oder nicht, ist gleichgültig; denn die Verpflichtung zur Anmeldung auf Eintragung der Firma erstreckt sich nur auf Kaufleute im Sinne des Handelsgesetzbuchs (Art. 15 u. 19 H.G.B.).

3. Erwerbsgeschäft ist jedes als Nahrungszweig, gleichviel ob dauernd oder vorübergehend, mit oder ohne behördliche Konzession, versteuert oder unversteuert betriebene Geschäft.

4. Gewerbliches Unternehmen kann ein selbstständiges Geschäft oder die Ausführung eines solchen sein.

5. Ueber Druckschrift vgl. das in Anm. 23 zu § 1 Gesagte.

6. In welcher Weise die mißbräuchliche Benutzung vorgenommen wird, ist gleichgültig, dieselbe kann auch mit dem eigenen Namen und der eigenen Firma vorgenommen werden.

7. Der Mißbrauch muß die Verwechselung mit dem fremden Namen herbeiführen sollen und können. Fällt eine der beiden Voraussetzungen aus, dann liegt der Thatbestand des § 8 nicht vor.

8. Der Schutz ist hier wie nach § 1 rein civilrechtlich sowie elektiv und kumulativ auf Scha-

densersatz und auf Unterlassung der Zuwiderhandlung nach Wahl des Verletzten gegeben.

9. Der Erlaß einstweiliger Verfügungen ist auch gegenüber den Zuwiderhandlungen nach § 8 angängig, ohne daß jedoch hier die Vergünstigungen nach § 3 Platz greifen. Ueber einstweilige Verfügung vgl. das zu § 3 Gesagte.

§. 9.

Mit Geldstrafe bis zu dreitausend Mark oder mit Gefängniß bis zu einem Jahre wird bestraft, wer als Angestellter,[2]) Arbeiter[1]) oder Lehrling eines Geschäftsbetriebes Geschäfts- oder Betriebsgeheimnisse,[3]) die ihm vermöge des Dienstverhältnisses anvertraut oder sonst zugänglich geworden sind, während der Geltungsdauer des Dienstverhältnisses unbefugt an Andere zu Zwecken des Wettbewerbes oder in der Absicht, dem Inhaber des Geschäftsbetriebes Schaden zuzufügen, mittheilt.

Gleiche Strafe trifft denjenigen, welcher Geschäfts- oder Betriebsgeheimnisse, deren Kenntniß er durch eine der im Absatz 1 bezeichneten Mittheilungen oder durch eine gegen das Gesetz[4]) oder die guten Sitten[5]) verstoßende eigene Handlung erlangt hat, zu Zwecken des Wettbewerbes unbefugt verwerthet oder an Andere mittheilt.

Zuwiderhandlungen verpflichten außerdem zum Ersatze des entstandenen Schadens. Mehrere Verpflichtete haften als Gesammtschuldner.

Vgl. auch das in der Einleitung S. 26 f. über §§ 9 u. 10 Gesagte.

1. Unter Arbeiter ist jede Person zu verstehen, welche in einem Erwerbsgeschäft oder bei einem gewerblichen Unternehmen auf Grund eines Vertragsverhältnisses für Zwecke des Geschäftsbetriebes als Gehülfe, Geselle oder Lehrling, als Betriebsbeamter, Werkmeister, Techniker, Fabrikarbeiter oder in ähnlicher Stellung dauernd oder vorübergehend gegen nach Zeit oder nach Leistung bemessenen Lohn beschäftigt ist. Vgl. Entsch. R.G. v. 10. Dez. 1883, Str. IX, 264, u. 25./9. 1890.

2. Angestellter ist derjenige Gehülfe in einem Geschäft, der eine mehr oder weniger selbstständige Stellung einnimmt. — Ob die etwaigen Personen mit Arbeiten, die fachtechnische Kenntnisse erfordern, oder mit anderen Arbeiten beschäftigt sind, ist gleichgültig. Auch Künstler können als Gewerbegehülfen angesehen werden. R.G. 21. März 87 C. XVII, 92.

3. Geschäfts- oder Betriebsgeheimniß kann jede Thatsache sein, welche für den Betrieb des Geschäftes von Wichtigkeit ist und die dem Anderen als geheim zu halten bewußt oder bezeichnet sein muß. Das Geheimniß muß als solches anvertraut, d. i. dem Vertrauen des Anderen übergeben, — oder sonst zugängig, d. i. auf irgendwelche nur mögliche Weise bekannt geworden sein.

4. Gegen das Gesetz, d. i. gegen eine positive Rechtssatzung, eine ausdrückliche Gesetzesvorschrift.

5. Ob gegen die guten Sitten, d. i. gegen die im geschäftlichen Verkehrsleben allgemein anerkannten Regeln und Gepflogenheiten.

§. 10.[1])

Wer zum Zweck des Wettbewerbes es unternimmt,[2]) einen Anderen zu einer unbefugten Mittheilung der im §. 9 Absatz 1 bezeichneten Art zu

bestimmen, wird mit Geldstrafe bis zu zweitausend Mark oder mit Gefängniß bis zu neun Monaten bestraft.

1. Nach § 10 soll schon das erfolglose Unternehmen, einen Anderen zur Geheimnißmittheilung zu bestimmen, als ein selbständiges, vollendetes Vergehen bestraft werden. — Ist das Unternehmen von Erfolg begleitet, dann liegt Anstiftung im Sinne des § 48 Str.G.B. vor. — Deshalb ist im vorliegenden Falle auch die Anwendung des § 46 (erfolgloser Versuch) ausgeschlossen. R.G. 29./4. 84, R. 6, 315.

2. Der Begriff „Unternehmen" ist nach § 43 Str.G.B. zu bestimmen. Es muß der Entschluß, den Andern zur Geheimnißmittheilung zu bestimmen, durch Handlungen bethätigt sein, welche einen Anfang der Ausführung der Willensbestimmung enthalten. Bloße Vorbereitungshandlungen genügen nicht. R.G. 11./10. 83, R. 5, 592. Das Unternehmen muß darauf zielen, den Anderen zur Begehung einer Handlung zu verleiten, welche in objektiver und subjektiver Beziehung den Thatbestand der Geheimnißverletzung erfüllen würde. R.G. 12./11. 79, R. 1, 58. Die Ursache, aus welcher der Eintritt des beabsichtigten Erfolges ausblieb oder ausbleiben mußte, kommt nicht in Betracht. R.G. 23./9. 84, E. 10, 458.

Der Andere muß stets eine bestimmte bekannte Person sein. R.G. 22./5. 82, R. 4, 504. Der Thatbestand nach § 10 liegt auch dann vor, wenn Jemand ohne Erfolg einen Andern auffordert, einen Dritten zur Geheimnißmittheilung zu verleiten. R. 9./11. 80, E. 3, 26.

Für das Vergehen nach § 10 ist im Falle seiner Verfolgung im Wege der Privatklage das Schöffengericht, sonst die Strafkammer zuständig. (§ 12 Abs. 3 dieses Ges. und § 73 Nr. 1 Str.P.O.).

§. 11.[1])

Die in den §§. 1, 6, 8, 9 bezeichneten Ansprüche auf Unterlassung oder Schadensersatz verjähren in sechs Monaten von dem Zeitpunkt an, in welchem der Anspruchsberechtigte von der Handlung und von der Person des Verpflichteten Kenntniß erlangt, ohne Rücksicht auf diese Kenntniß in drei Jahren von der Begehung der Handlung an.

Für die Ansprüche auf Schadensersatz beginnt der Lauf der Verjährung nicht vor dem Zeitpunkt, in welchem ein Schaden entstanden ist.[2])

1. Im § 11 ist die Verjährung nur der civilrechtlich, nicht die der strafrechtlich verfolgbaren Verstöße gegen das Gesetz behandelt. Letztere unterliegen den im Strafgesetzbuch bestimmten Verjährungsfristen. (§ 65 Str.G.B.) Zum civilrechtlich verfolgbaren Anspruch gehört nicht die auf Zuerkennung einer Geldbuße gerichtete Nebenklage, da diese vom Strafverfahren nicht zu trennen ist. Zur Herbeiführung einer thunlichst einheitlichen Verjährungsfrist ist die dreijährige Verjährungsfrist nach dem Vorbilde sowohl der in anderen gewerblichen Schutzgesetzen als auch der im Entwurf zum Bürgerl. Gesetzbuch (§ 775) festgesetzten Fristen aufgestellt.

2. Abs. 2 behandelt den Fall, daß die Vornahme der schädigenden Handlung und der Eintritt des Schadens zeitlich nicht zusammenfallen.

§. 12.

Die Strafverfolgung tritt mit Ausnahme der im §. 5 bezeichneten Fälle[2]) nur auf Antrag[1]) ein. In den Fällen des §. 4 hat das Recht[3]) den Strafantrag zu stellen, jeder der im §. 1 Absatz 1 bezeichneten Gewerbetreibenden und Verbände.

Die Zurücknahme des Antrages ist zulässig.[4])

Strafbare Handlungen, deren Verfolgung nur auf Antrag eintritt, können von den zum Strafantrage Berechtigten im Wege der Privatklage[5]) verfolgt werden, ohne daß es einer vorgängigen Anrufung der Staatsanwaltschaft bedarf. Die öffentliche Klage[6]) wird von der Staatsanwalt nur dann erhoben, wenn dies im öffentlichen Interesse liegt.

Geschieht die Verfolgung im Wege der Privatklage, so sind die Schöffengerichte zuständig.[7])

1. Nach dem Beispiele der gewerblichen Schutzgesetze ist die Verfolgung der Vergehen nach dem vorliegenden Gesetze von der Stellung und Aufrechthaltung des Strafantrages abhängig, weil die Vergehen nicht sowohl allgemeine, als vielmehr die Interessen bestimmter Privatpersonen verletzen.

2. Die im § 5 vorgesehene Strafthat stellt sich als die Uebertretung einer allgemeinen Ordnungsvorschrift dar, die, wie überhaupt alle Uebertretungen, mit ganz geringer Ausnahme (z. B. § 370, 6 Str.G.B.) von Amtswegen zu verfolgen sind.

3. Antragsberechtigt sind rücksichtlich des Vergehens nach § 4 (betrügerische Reklameausschreitung) nur der Mitbewerber und die Verbände, wegen des Vergehens nach § 7 (verleumderischer Kreditschädigung) und nach §§ 9 und 10 (Geschäfts- und Betriebsgeheimnißverletzung) nur die verletzten bezw. geschädigten Geschäftsinhaber.

4. Der Strafantrag muß bei einem Gericht oder der Staatsanwaltschaft schriftlich oder zu Protokoll, bei

einer anderen Behörde schriftlich vorgebracht werden. Die Zurücknahme des Antrages bedarf keiner besonderen Form. (§ 156 Abs. 2 Str.P.O.)

5. Nach § 414 Str.P.O. können Beleidigungen und Körperverletzungen, sofern deren Verfolgung nur auf Antrag eintritt, von dem Verletzten im Wege der Privatklage, ohne vorgängige Anrufung der Staatsanwaltschaft, verfolgt werden, diese Befugniß steht allen zu, denen in den Strafgesetzen das Recht, selbstständig auf Bestrafung anzutragen, beigelegt ist. Neuerdings ist man bestrebt, der Privatklage eine größere Bedeutung und weitere Anwendung zu Theil werden zu lassen. Nach der jetzt im Reichstage (von der Kommission) berathenen Novelle zur Strafprozeßordnung soll die Privatklage auf alle Privatdelikte ausgedehnt werden. Grund und Zweck ist, die Organe der Strafverfolgung thunlichst zu entlasten und den oft frivolen und chikanösen Strafanzeigen vorzubeugen.

6. Die öffentliche Klage, d. i. die Stellung des Antrages auf gerichtliche Voruntersuchung oder die Einreichung der Anklageschrift bei Gericht (§ 168 Str.P.O.) soll von der Staatsanwaltschaft nur dann erhoben werden, wenn dies im öffentlichen Interesse liegt, d. h. wenn die öffentliche Ordnung dadurch verletzt ist, daß das Publikum als solches im Gegensatz zu einzelnen Personen oder individuell begrenzten Personenkreisen gefährdet oder ungebührlich belästigt worden ist. R.G. 27./4. 80, E. 1, 400; R. 1, 677. Aus diesem Grunde kann die Staatsanwaltschaft auch in jeder Lage der Sache bis zum Eintritt der Rechtskraft des Urtheils durch ausdrückliche Erklärung die Verfolgung übernehmen, auch ist in der Einlegung eines Rechtsmittels die Uebernahme der Verfolgung enthalten. (§ 417 Abs. 2 Str.P.O.) Ob die Erhebung der öffentlichen Klage im öffentlichen Interesse liegt, bleibt lediglich dem Ermessen der Staatsanwaltschaft überlassen.

7. Für die Privatklage ist, ohne etwaige Rücksicht auf die Höhe des verursachten Schadens, in erster Instanz das Schöffengericht, in zweiter Instanz die Strafkammer (drei Mitglieder, einschließlich des Vorsitzenden), in dritter Instanz das Oberlandesgericht zuständig. (§§ 27 Nr. 3, 76, 77, 123 Nr. 2 G.V.G.).

Hervorzuheben ist, daß, falls von mehreren zur Anstrengung der Privatklage Berechtigten einer die Privatklage erhoben hat, die übrigen dem eingeleiteten Verfahren auch nur in dessen jeweiliger Lage beitreten dürfen, und daß die in der Sache ergangene Entscheidung ihre Wirkung zu Gunsten des Beschuldigten auch gegenüber solchen Berechtigten äußert, welche die Privatklage nicht erhoben haben. (§ 415 Str.P.O.)

§. 13.[1])

Wird in den Fällen des §. 4 auf Strafe erkannt, so kann angeordnet werden, daß die Verurtheilung auf Kosten des Schuldigen öffentlich bekannt zu machen sei.

Wird in den Fällen des §. 7 auf Strafe erkannt, so ist zugleich dem Verletzten die Befugniß zuzusprechen, die Verurtheilung innerhalb bestimmter Frist auf Kosten des Verurtheilten öffentlich bekannt zu machen.

Auf Antrag des freigesprochenen Angeschuldigten kann das Gericht die öffentliche Bekanntmachung der Freisprechung anordnen; die Staatskasse trägt die Kosten, insofern dieselben nicht dem Anzeigenden oder dem Privatkläger auferlegt worden sind.

Ist in den Fällen der §§. 1, 6 und 8 auf Unterlassung Klage erhoben, so kann in dem Urtheile der obsiegenden Partei die Befugniß zugesprochen werden, den verfügenden Theil des Urtheils innerhalb bestimmter Frist auf Kosten der unterliegenden Partei öffentlich bekannt zu machen.

Die Art der Bekanntmachung ist im Urtheil zu bestimmen.[2])

1. Die Bekanntmachung der strafrechtlichen Verurtheilung erscheint als ein bedeutsames Korrektiv und ist in der neuen Gesetzgebung mehrfach vorgesehen. Vgl. § 16 Ges., betr. den Verkehr mit Nahrungsmitteln u. s. w., vom 14. Mai 79, § 10 Ges., betr. den Schutz von Gebrauchsmustern vom 1. Juni 91, § 19 Ges. zum Schutze der Waarenbezeichnungen vom 12. Mai 94.

2. Die Bekanntmachung kann durch Aushang an Gerichtsstelle oder durch Einrückung in die Zeitung erfolgen. Die Frist, innerhalb deren die öffentliche Bekanntmachung der Verurtheilung zu erfolgen hat, bestimmt das Gericht. Die Publikationsbefugniß fällt weg, wenn die Strafthat in idealer Konkurrenz mit einer anderen begangen worden ist, auf welche eine schwerere, die Publikationsbefugniß nicht androhende Strafbestimmung Anwendung findet, z. B. Betrug mit betrügerischer Reklameausschreitung oder Kreditschädigung, R.G. 7./4. 81, R. 3, 203, 17./4. 82, R. 4, 333. E. 5, 405.

§. 14.[1])

Neben einer nach Maßgabe dieses Gesetzes verhängten Strafe[4]) kann auf Verlangen[2]) des Verletzten[5]) auf eine an ihn[3]) zu erlegende Buße bis zum Betrage[6]) von zehntausend Mark erkannt werden.[7]) Für diese Buße haften die zu derselben Verurtheilten als Gesammtschuldner. Eine erkannte Buße schließt die Geltendmachung eines weiteren Entschädigungsanspruchs aus.

1. Nach §§ 188 u. 231 Str.G.B. kann bei Verurtheilung wegen Beleidigungen bezw. Körperverletzungen auf das Verlangen des Beleidigten bezw. Verletzten auf eine an denselben zu erlegende Buße erkannt werden. Das Rechtsinstitut der Buße ist in alle Gesetze zum Schutze der Urheberrechte und auch in das vorliegende Gesetz aufgenommen worden. Der Zweck dieses Rechtsbehelfs ist die Vermeidung eines oft langwierigen Civilprozesses durch Geltendmachung der Buße in dem weit schleunigeren Strafverfahren.

2. Das Verlangen (d. i. der Antrag) auf Zuerkennuug der Buße ist in Form der Nebenklage, d. i. einer schriftlichen Anschlußerklärung zur öffentlichen Klage bis zur Verkündung des Urtheils erster Instanz zu stellen. Der Antrag kann bis zur Verkündung des Urtheils zurückgenommen, ein zurückgenommener Antrag nicht erneuert werden. Wird das Strafverfahren durch Freisprechung des Angeklagten oder durch Einstellung mit oder ohne Urtheil beendet, so gilt auch der Antrag ohne weitere Entscheidung für erledigt. §§ 435 ff. u. 443 ff. Str.P.O.

3. Der Antrag auf Buße kann von dem Erben des Verletzten weder erhoben noch weiter verfolgt werden. Ist jedoch auf Buße rechtskräftig erkannt, so besteht ein Rechtsanspruch, der auf und gegen die Erben übergeht. R.G. v. 8./5. 86.

4. Nur „neben der Strafe", d. i. nur vom Strafrichter kann auf Buße erkannt werden. R.G. v. 14./2. 82. Das freisprechende Urtheil präjudizirt aber in keiner Weise der civilrechtlichen Ersatzklage. § 14 Nr. 1 Einführ.-Ges. z. C.P.O.

5. Verletzter ist Jeder, der durch die Handlungsweise des Beschuldigten in seinem Vermögen geschädigt ist.

6. Der Betrag, welcher als Buße verlangt wird, ist in seiner Höhe glaubhaft zu machen, wenn auch nicht bestimmt nachzuweisen. Liegt eine Schädigung offenbar nicht vor, so darf auch auf Buße nicht erkannt werden. Auch darf auf keine höhere, als auf die beantragte Buße erkannt werden. Eine bereits im Civilrechtswege erstrittene oder thatsächlich geleistete Entschädigung schließt zwar die Zuerkennung einer Buße nicht aus, darf aber jedenfalls bei Bemessung der Buße in Betracht gezogen werden. R.G. v. 29./11. 83.

7. Die Vollstreckung des der Zuerkennung der Buße aussprechenden Urtheils erfolgt nach den Vorschriften über die Vollstreckung der Urtheile der Civilgerichte. (§ 495 Str.P.O.)

§. 15.

Bürgerliche Rechtsstreitigkeiten, in welchen durch Klage ein Anspruch auf Grund dieses Gesetzes geltend gemacht ist, gehören, insoweit in erster Instanz die Zuständigkeit der Landgerichte begründet ist, vor die Kammer für Handelssachen. Die Verhandlung und Entscheidung letzter Instanz im Sinne des §. 8 des Einführungsgesetzes zum Gerichtsverfassungsgesetze wird dem Reichsgericht zugewiesen.

Mit Rücksicht darauf, daß zur Beurtheilung der nach dem vorliegenden Gesetz in Frage kommenden Rechtsstreitigkeiten die Kenntniß der Ansichten und Gepflogenheiten im geschäftlichen und gewerblichen Verkehrsleben erforderlich, mindestens erwünscht ist, sind auch hier wie bei den anderen gewerblichen Schutzgesetzen die bürgerlichen Rechtsstreitigkeiten, sofern in ihnen ein Anspruch auf Grund dieses Gesetzes durch Klage, nicht durch Widerklage geltend gemacht wird, jedoch nur diese im Gegensatz zu den im Strafverfahren, also auch zu den mit der Privatklage zu erledigenden Streitigkeiten, — in erster Instanz den Kammern für Handelssachen (§ 101, 3c C.P.O.) zugewiesen, sofern nicht die Amtsgerichte nach der Höhe des die Summe von 300 Mark nicht übersteigenden Streitgegenstandes zuständig sind. (§ 23 I ebenda.) Ebenso soll auch hier zur Herstellung einer einheitlichen Rechtsprechung das Reichsgericht in letzter Instanz entscheiden.

§. 16.[1])

Wer im Inlande[2]) eine Hauptniederlassung[3]) nicht besitzt, hat auf den Schutz dieses Gesetzes nur insoweit Anspruch,[4]) als in dem Staate, in welchem seine Hauptniederlassung sich befindet, nach einer im Reichs-Gesetzblatt enthaltenen Bekanntmachung[5]) deutsche Gewerbetreibende einen entsprechenden Schutz genießen.[6])

1. Das Gesetz gewährt seinen Schutz, ohne Rücksicht auf die Staatsangehörigkeit, dem Inländer wie dem Ausländer, sofern letzterer im Inlande eine Hauptniederlassung besitzt.

2. Unter Inland sind nicht allein das deutsche Reichsgebiet, sondern auch die deutschen Schutzgebiete und die der deutschen Konsulargerichtsbarkeit unterstehenden Bezirke zu verstehen. Vgl. Begründung zu § 21 des Ges. zum Schutze der Waarenbezeichnungen. S. 25.

3. Ueber Niederlassung siehe auch Anm. 1 zu § 2.

4. Der deutsche Reichsangehörige und der Ausländer, die im Inlande nur eine Zweigniederlassung (Filiale, Nebengeschäft, Dependence), im Auslande aber ihr Hauptgeschäft haben, können keinen Anspruch auf die Wolthaten dieses Gesetzes (R.G. v. 28./2. 88) erheben, sofern nicht in dem Staate ihrer Hauptniederlassung der deutsche Gewerbetreibende nicht nur gegen unlauteren

Wettbewerb überhaupt, sondern auch in demselben Umfange wie nach deutschem Recht geschützt ist. Auch würde der deutsche Rechtsschutz in dem Augenblick aufhören, sobald im auswärtigen Staate der Schutz erlischt.

5. Die Bekanntmachung hat durch den Reichskanzler bezw. seinen Stellvertreter zu erfolgen. Die Bekanntmachung setzt nicht etwa einen völkerrechtlichen Vertrag voraus, sie muß nur ergeben, daß die ausländische Gesetzgebung den entsprechenden Schutz gewährt.

6. Den Nachweis für den Schutz im Auslande hat der Kläger zu erbringen, in welcher Weise dies zu geschehen hat, hängt von dem Ermessen des Richters ab. (R.G. v. 8./11. 84.).

§. 17.

Dieses Gesetz tritt am 1. Juli 1896 in Kraft.

Urkundlich unter Unserer Höchsteigenhändigen Unterschrift und beigedrucktem Kaiserlichen Insiegel.

Gegeben an Bord Meiner Yacht „Alexandria", den 27. Mai 1896.

(L. S.) Wilhelm.
von Bötticher.

Register.

(Die Zahlen bezeichnen die Paragraphen.)

A.

B.

C.

D.

E.

F.

G.

H.

J.

K.

L.

M.

N.

O.

P.

R.

S.

T.

U.

V.

W.

Z.

Druck von Dobrzynski & Walter in Berlin S.

FSC
www.fsc.org
MIX
Papier | Fördert gute Waldnutzung
FSC® C083411

Kolibri 360 GmbH
Ferdinand-Jühlke-Straße 7
99095 Erfurt, Deutschland
produktsicherheit@kolibri360.de